다시 읽는 요셉 이야기

사막이
되어 가는
세상에서

| 이지현 지음 |

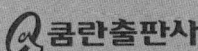

사막이
   되어 가는
세상에서

 추천의 글

창세기에 기록된 요셉 이야기는 우리에게 너무 익숙하여 새로운 감동을 기대하지 않고 읽는 경우가 많다. 하지만 이지현 목사님의 책 《사막이 되어가는 세상에서》는 나의 이러한 선입견을 여지없이 무너뜨렸다. 첫 페이지를 열어, 역사적인 고증과 과학적인 증거에 기초한, 고대 이집트의 특수한 기후와 홍수를 이용한 농사법에 관한 서술을 읽다 보니 어느새 책 속으로 이끌려 들어갔고 감동적인 메시지를 만나게 되었다.

저자는 전문 지식이 없는 일반인도 쉽게 이해할 수 있도록 평이한 언어로 환경 문제를 풀어낸다. 왜 지구 온난화와 기후 변화가 일어나고 있는지, 왜 세계 도처에서 땅의 사막화가 일어나고 있는지 그 원인과 현황을 명쾌히 설명해 준다. 이러한 설명들은 단순한 개인적인 주장이 아니라 학술적인 자료들에 근거한 논리적인 설명이기에 상당히 설득력 있게 다가온다.

이에 더하여 저자는 땅의 사막화를 배경으로 사람들의 영혼이 사막화되는 문제를 심도 있게 다루면서, 사막이 되어가는 현대 사회에서 크리스천들이 살아가야 할 방향을 제시해주고 있다. 요컨대 그것은 요셉이 그렇게 했던 것처럼 '하나님의 노예가 되어 그분과 동행하는 삶으로의 전환'이다.

이 책은 요셉 시대의 대흉년과 그 집안 이야기를 저자 특유의 부드럽고 탄탄한 논리로 풀어가면서 현대 사회의 문제점을 짚어내고 회복의 방법까지 제시한 뛰어난 책이다.

2023년 2월 1일
밴쿠버 한인침례교회 담임목사
미주남침례회 캐나다지방회 회장
폴 민

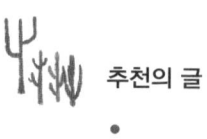 추천의 글

：

　코로나19 팬데믹이 세상에 미친 막강한 영향 속에서 그 의미를 찾으려는 노력들이 많았다. 본서도 그 노력의 일환으로, 단순히 여러 노력들 가운데 하나에 그치는 것이 아니라 하나님이 우리에게 주신 선물이라는 생각이 들게 한다.

　저자는 남다른 안목으로 '사막화되어 가는 사람들의 영혼을 구원하시기 위해 그들을 예수 그리스도께로 이끄시는 섭리'를 요셉이라는 인물과 그의 가족사를 통해 풀어내었다. 세상의 역사(歷史) 속에 일하시는 하나님과 그분의 역사(役事)하시는 방법에 대한 저자의 통찰력뿐 아니라 그러한 통찰을 뒷받침하기 위한 폭넓은 연구자의 자세 또한 본서 구석구석에서 발견할 수 있다.

　이 책을 읽는 동안 개인적으로는 나의 메마른 영혼이 드러나 부끄러움을 느끼지 않을 수 없었고, 회개에 이르도록 나를 만지시고 다루시는 하나님의 손길을 느낄 수 있었다. 본서를 읽는 독자들 역시 황폐해진 내면을 드러내시고 숨겨진 우상을 내어버리는 회개에 이르도록 영혼을 만지시는 주님의 손길을 느끼게 될 것이다. 이를 통해 예수의 멍에를 메고 그를 따르는 자에게 주어지는 참된 쉼과 자유를 경험하게 될 것으로 확신한다. 주님의 회복이 본서를 읽는 독자들에게 임하기를 기도하며 이 책을 기쁜 마음으로 추천하는 바이다.

2023년 2월 1일
UBF 간사
울산대학교 의과대학 겸임교수
한병희

추천의 글

지난 3년 동안 우리 인류는 코로나19라는 전무한 재앙을 겪으며 다음과 같은 질문을 하지 않을 수 없었습니다. "왜 이런 재앙이 일어났을까? 앞으로도 이와 유사한 재앙들이 일어날 가능성이 큰데 그렇다면 이를 어떻게 대비해야 할까?" 저자인 이지현 박사는 이 질문에 대해 흥미롭고도 신뢰할 만한 답을 '창세기에 기록된 7년 대흉년이라는 무시무시한 재앙을 지혜롭게 극복한 요셉'이라는 인물을 통해 제시합니다.

저자는 과학자요 목회자로서 신선한 관점으로 고대 이집트에 닥친 대흉년에 얽힌 이야기를 풀어나갑니다. 책을 읽는 동안 나는 마치 대학 강의실에 앉아 생생한 데이터와 참고문헌으로 잘 준비된 강의를 들으며 거기에 빨려 들어가는 듯한 느낌을 받았습니다. 대흉년에 대한 과학적 분석은 어느새 영적인 분석으로 이어지면서 요셉 집안 사람들의 영적 메마름을 저자 특유의 날카로운 시각을 사용하여 차근차근 드러냅니다.

요즈음 우리 사회에는 환경 문제와 땅의 사막화 문제에 관심을 가진 사람들이 점점 더 늘어나고 있습니다. 본서는 이런 분들에게 대단히 유익할 것으로 사료됩니다. 이 책은 땅이 사막화되어 가는 원인과 실태를 쉽고도 심도 있게 설명해 주며, 이에 더하여 땅의 사막화보다 훨씬 더 심각한 사막화, 곧 영혼의 사막화에 대해 알려주기 때문입니다.

그런 점에서 이 책은 신자들에게뿐만 아니라 비신자들에게도 전도용으로 유용할 것이라 확신합니다. 바라건대 이 책이 프랑스어로 번역되어 땅의 사막화 피해를 가장 심하게 받고 있는 아프리카 여러 나라들에도 보급되기를 원합니다.

2023년 2월 1일
CMI 선교사
전 일리노이 주립대학교 의과대학 교수
신충현

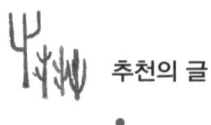 추천의 글

저자는 인류가 경험하고 있는 대표적인 환경문제의 원인과 대책에 관하여 이야기합니다. 전 연령 독자층의 이해를 돕기 위해 아주 쉽게 써 내려가 누구든 읽기에 부담이 전혀 없을 것입니다.

《사막이 되어 가는 세상에서-다시 읽는 요셉 이야기》는 기후변화에 기인한 기근과 사막화, 산림파괴 등의 환경재앙과 창세기의 요셉이 겪었던 7년 흉년을 비교하면서 이를 통해 인류가 지혜를 배워야 함을 강조하고 있습니다.

특히 저자는 하나님과 인간의 관계를 문제해결의 실마리로 보면서 자연재해와 인간의 죄와 타락에 관한 관계를 심도 있게 다루고 있습니다.

그러므로 이 책은 인류가 앞으로 직면하게 될 자연재해나 팬데믹 전염병과 같은 대재앙을 준비하는 데 반드시 읽어야 할 필독서일 것입니다. 《사막이 되어 가는 세상에서-다시 읽는 요셉 이야기》를 주저 없이 추천합니다.

2023년 2월 1일
충남대학교 환경공학과 명예교수
강 호

들어가며

팬데믹 앞에서 떠오르는 질문

코로나19로 인한 피해는 사람들이 처음에 예상한 것보다 훨씬 컸다. 지구상의 거의 모든 나라가 막대한 피해를 입었으며 아직도 그 고통에서 완전히 벗어나지 못하고 있다. 내가 살고 있는 캐나다도 예외가 아니다. 2020년 3월부터 2년이 넘는 긴 시간 동안 이 바이러스와 전쟁을 치르면서 가늠하기 어려울 정도로 큰 피해를 보았다. 코로나에 걸려 직접적으로 피해를 당한 사람은 말할 것도 없고, 걸리지는 않았으나 암울한 분위기 속 정신적인 피해를 입은 사람도 많다.

코로나19 사태가 터지면서 정신과 진료를 받는 사람들이 큰 폭으로 늘어났다. 이 사태가 종식되면 사람들의 정신 건강도 금방 호전될까? 그렇지 않다는 연구 결과들이 발표되었다. 캐나다 정신건강연구소와 워털루대학교가 협력해 조사하고 분석한 결과를 보면, 코로나19가 막 시작된 2020년 4월에 15%의 캐나다인이 이 유행병 때문에 우울증을 앓게 되었고, 23%는 불안 장애 증상을 보였다. 코로나 전에 이 수치들은 둘 다 4% 내외였다. 그러니까 코로나 때문에 우울증은 네 배, 불안 장애는 다섯 배가량 증가한 것이다. 팬데믹이 거의 끝난 2022년 봄에 실시한 조사를 보니, 우울증과 불안 장애는 줄어들지 않고 거의 동일한 수치를 유지하고 있었다. 코로나19가 완전히 끝나더라도 이로 인해 촉발된 정신 질환들은 쉽게 사라지지 않을 것임을 알 수 있다.[1]

캐나다 통계청에 의하면 코로나19 때문에 15%에 이르는 캐나다인들이 '심각한' 경제적 타격을 입었다. 직장을 잃거나 운영하던 사업이 반토막 나는 등 문자 그대로 '심각한' 피해를 입은 사람들이 15%이며, 이보다 덜 심각한 피해를 입은 사람들의 비율은 훨씬 더 높다. 이 15%의 사람들이 당한 시련은 경제적인 것으로 끝나지 않았다. 이들 가운데 40%는 불안 장애, 우울증, 외상후 스트레스 장애 등에 걸렸다.[2] 많은 가게가 팬데믹을 견디지 못하고 문을 닫았다. 그중에는 수십 년 동안 몬트리올 사람들의 사랑을 받아왔던 유명한 식당과 카페들도 포함되어 있다.

내 지인은 몇 년 전에 아내와 세 아이를 데리고 이곳 퀘벡주 몬트리올에 왔다. 중년이 다 된 나이였지만 캐나다로 이민해 새로운 도전을 해보고자 하는 포부를 가진 성실하고 적극적인 사람이었다. 영주권을 신청할 자격을 얻기 위해 직업학교에 다니며 '호텔 경영 및 요리'를 배웠는데 그 과정이 결코 녹록지 않았다. 우선 영어로 하는 수업을 따라가기가 버거웠고, 자기보다 훨씬 어린 학생들과 함께 수업을 듣고 실습하는 데 적응하기도 어려웠다. 힘들게 고생하며 2년을 버틴 끝에 겨우 직업학교 과정을 마쳤다. 퀘벡주에서 영주권을 받으려면 공용어인 프랑스어 시험을 통과해야 한다. 상당히 높은 수준을 요구하기 때문에 영주권 신청자들이 이로 인해 받는 스트레스가 상당히 크다. 그 친구도 예외가 아니었다. 그럼에도 성실과 끈기로 버텼고, 마침내 프랑스어 시험에 합격해 영주권을 받았다. 고진감래였다.

직업학교에서 호텔 경영과 요리를 배웠지만 그 자격증을 가지고 취업을 하기는 쉽지 않았다. 식당을 차려 볼까 해서 가게 자리를 알아보러 다니기도 했다. 고민 끝에 이 부부는 꽃 가게를 하기로 했다. 한국에 있을 때 잠시 화원을 운영했던 경험이 있어서 그쪽으로 방향을 튼 것 같았다. 몬트리올 서쪽 지역에 위치한 한 꽃 가게에서 약 6개월 동안 직원으로 일하며 일을 배우더니 그 가게를 인수해 사업을 시작했다. 지인의 아내가 꽃을 만지는 솜씨가 좋았기에 단골이 늘어나기 시작했다. 지인은 전 주인에게 물려받은 고객들에게 최대한 친절하게 대했고, 제품을 만들 때 그들의 요구대로 해주고자 애썼다. 고객 만족도가 올라갔고, 결혼식이나 장례식 등 행사용 꽃 주문이 끊이지 않았다. 일 년 후에는 파트타임 직원도 한 사람 두어야 할 정도로 가게가 바쁘게 돌아갔다.

그 무렵 코로나19 사태가 터졌다. 사회적 거리 두기가 강화되면서 꽃 가게를 찾는 사람은 가뭄에 콩 날 정도로 줄었다. 매달 적자가 눈덩이처럼 쌓여 갔다. 월세를 낼 돈이 없어 막막했다. 다행히 캐나다 연방 정부가 소상공인들에게 매달 보조금을 지급하기 시작했기에 그것으로 월세를 내고 가까스로 생활할 수 있었다. 6개월이 지나도 상황은 호전되지 않았다. 매달 월세 외에도 보험금, 자동차 할부금 등이 꼬박꼬박 통장에서 빠져나가는데 수입은 거의 없으니 부부는 늘 좌불안석이었다. 1년이 지나도 상황이 나아지지 않자 결국 더는 버티지 못하고 개인 파산을 신청했다. 세 아이를 둔 이 부부는 눈물겨운 코로나19의 경제적 희생자가 되었다. 소상공인들 가운데 이와 유사한 시련을 겪은 이들이 부지기수다. 불행 중 다행으로 이 지인은 그리 오래지 않아 괜찮은 일자리를 얻어 현재 성실하게 살고 있다. 나는 늘 마음으로 응원한다. 그가 잘 준비해 자기가 원하는 사업을 다시 시작할 수 있도록.

그리스도인이라면 코로나19 팬데믹을 겪으며 다음과 같은 질문을 하지 않을 수 없다. "이 사태에 담긴 하나님의 뜻이 과연 무엇일까? 전대미문의 규모로 세상을 틀어쥐고 긴 고통 속으로 끌고 들어간 이 전염병을 통해 그분은 우리에게 무슨 말씀을 하시는 것일까?" 여러 목회자와 그리스도인 리더들이 이 질문에 답을 제시했고 그것이 내게도 적잖이 도움이 되었다. 그럼에도 나는 나와 가족 그리고 우리 교회 교우들에게 주시는 좀더 구체적인 답을 찾고 싶었다. 그런 갈망을 가지고 성경을 읽다 이해에 도움이 되는 사건 하나를 발견했다. 창세기의 요셉 시대에 있었던 대흉년이다. 이 오래된 사건에 담긴 하나님의 메시지를 파고들수록 코로나19 사태에 들어 있는 메시지가 점점 더 분명히 보이기 시작했다. 그렇게 내가 깨닫고 배운 것을 가까운 사람들과 나누고 싶어 이 글을 쓰게 되었다. 먼저 요셉 시대의 대흉년 사건을 살펴보고 거기에 담긴 하나님의 뜻을 찾아보자.

차례

추천사 폴 민(밴쿠버 한인침례교회 담임목사, 미주남침례회 캐나다지방회 회장) _ 4
  한병희(UBF 간사, 울산대학교 의과대학 겸임교수) _ 6
  신충현(CMI 선교사, 전 일리노이 주립대학교 의과대학 교수) _ 8
  강 호(충남대학교 환경공학과 명예교수) _ 10
들어가며 팬데믹 앞에서 떠오르는 질문 _ 12

1부_ 코로나19가 주목하게 하는 인물

1. 7년 연속 흉년 _ 24
  홍수를 이용한 농사 _ 24
  치수(治水)에 관한 문외한이 이집트의 운명을 책임지다 _ 28
  대흉년 대 팬데믹 _ 32
2. 인간의 한계를 인정하기가 쉬울까? _ 35
  병균과의 전쟁 _ 36
3. 코로나19를 과소평가한 캐나다 _ 39
  노인 요양원에서 일어난 비극 _ 41
4. 정책이나 실력을 앞서는 인물 _ 44
  파라오가 요셉을 택한 이유 _ 45
  대체 불가한 사람 _ 47

재난의 규모는 생각보다 크다 _ 48
　　　지구 종말 시계 _ 50
　　　재난 속에서 주목해야 할 인물 _ 52

2부_ 인류가 직면한 자연재해 직시하기

5. 얼음이 녹는 게 그리도 심각한 문제일까? _ 57
　　　덜 추운 겨울은 좋은 일인가? _ 58
　　　1도 차이에 반토막 난 개체수 _ 60
　　　빙하가 녹으면 무슨 일이 일어날까? _ 61
　　　해빙이 녹으면 무슨 일이 일어날까? _ 63
　　　얼음이 녹으면 해류도 괴롭다 _ 65
　　　영화를 닮아가는 현실 _ 66

6. 오르는 온도를 어떻게 막을 것인가? _ 69
　　　지구 온난화의 주범 _ 70
　　　알고도 못 지키는 사람들 _ 71
　　　욕심이 잉태한즉 이산화탄소를 낳고 _ 73
　　　환경 문제의 뿌리 _ 75

3부_ 땅과 사람을 함께 회복시키는 요셉

7. 더 많은 수확을 얻고자 한 도전이 불러온 불청객 _ 80
농부들의 바람 _ 81
바람은 이루어졌으나 _ 83

8. 농산물 생산 공장이 된 들판 _ 86
토양이 중병에 걸렸다 _ 88

9. 메말라 버린 형들의 마음 _ 92
세겜에서 일어난 복수극 _ 93
동생을 노예 상인에게 넘기다 _ 95
유다 스캔들 _ 98

10. 회복의 단비가 내리다 _ 102
총리에게 제대로 걸려든 형들 _ 103
총리 덕분에 회복이 일어나다 _ 108

4부_ 큰 흉년 중에 일어난 큰 구원

11. 하나님의 손 _ 114
12. 사막화 _ 119
황사가 보내오는 경고 _ 122

13. 고대 메소포타미아에서 일어난 사막화 _ 125
14. 달라진 사막화의 양상 _ 128
   기후 변화로 새로운 동력을 얻은 사막화 _ 128
   사막화의 새로운 플레이메이커 _ 129
   소 떼가 아마존을 먹어 치우다 _ 131
   이러다 남아나는 땅이 있을까? _ 132
   황토 고원의 교훈 _ 134
15. 큰 구원과 작은 구원 _ 136
   하나님의 세상 구원 프로젝트 _ 138
   대흉년보다 훨씬 심각한 위기 _ 140
   작은 구원과 큰 구원 사이에서 _ 142

5부_ 요셉의 조상들이 받은 큰 구원

16. 아브라함이 바란 작은 구원 _ 146
   약속을 믿고 여호와를 따르다 _ 147
   누가 지극히 큰 상급인가? _ 149
   다른 번역, 같은 의미 _ 151
   아들에 대한 집착 _ 153
   집착이 편법을 불러들이다 _ 154

17. 십계명과 우상 _ 158
　우상의 본질 _ 161
　개츠비와 피츠제럴드 _ 164

18. 이삭 내려놓기 _ 167
　왜 장자가 죽어야 하는가? _ 169
　하나님이 손수 마련하실 것이다 _ 172
　숫양이 이삭을 대신할 수 있나? _ 176

19. 이삭과 리브가가 집착한 작은 구원 _ 178
　편애의 어두운 그림자 _ 180

20. 작은 구원에 인생을 걸었던 야곱 _ 184
　처음으로 '나의 하나님'을 체험하다 _ 185
　라헬에게 전부를 걸다 _ 187
　속이는 자가 속다 _ 190
　아침에 보니 레아라 _ 195

21. 레아와 남편 _ 197
　이상한 결혼 _ 198
　남편의 사랑을 얻고자 _ 199
　아버지의 딸 _ 201
　이제는 여호와를 찬송하리로다 _ 203

22. 야곱은 홀로 남았더니 _ 206
　야곱의 '재산 불리기' 전략 _ 206
　야반도주 _ 208
　얍복강이 보여 주는 것 _ 210

23. 야곱과 어떤 사람 _ 215
    그분의 가치에 비로소 눈뜨다 _ 218
    야곱이 용서받을 수 있는 근거 _ 220
24. 요셉은 어떻게 우상 숭배에 빠지지 않았을까? _ 222
    여호와가 함께하신다는 의미 _ 223
    감옥에 갇혔는데 '형통한 자'라니? _ 225
    유혹을 이길 수 있었던 진짜 이유 _ 226

6부_ 파라오의 노예가 되겠습니다

25. 이집트인들이 봉착한 식량 문제 _ 234
    몸을 내주고 식량을 사다 _ 236
26. 노예가 되어야 산다 _ 240
    멍에를 메면 쉼을 얻는다 _ 241
    노예의 특권 _ 245

감사의 글 _ 247

주 _ 249

1부

코로나19가 주목하게 하는 인물

1.
7년 연속 흉년

　창세기에 나오는 요셉 시대의 대흉년 이야기는 주일학교 아이들도 잘 알고 있는 내용이다. 요셉이 파라오의 꿈을 해석해 이집트의 총리가 되고, 7년 대풍년 동안 식량을 잘 비축해 이후 7년 대흉년을 지혜롭게 극복한 사건이다. 대풍년과 대흉년은 모두 농사와 관련된 얘기가 아닌가. 따라서 이 사건을 좀더 깊이 이해하기 위해서는 고대 이집트의 농사에 관한 배경 이해가 필요하다.

홍수를 이용한 농사

　이집트는 비가 거의 오지 않는 나라다. 수도 카이로는 나일강 하구의 삼각주가 시작되는 지점에 위치해 있는데, 이 지역의 연간 강수량은 불과 30밀리미터밖에 되지 않는다. 일 년에 1,400밀리미터 이상 비가 오는 서울과 비교하면 얼마나 건조한지 알 수 있다. 그나마

지중해에 가까운 지역이라 이만큼이라도 비가 오는 것이다. 카이로 이남 지역의 연간 강수량은 훨씬 더 적어 10밀리미터를 넘지 않는 곳도 많다.³

국토의 90% 이상이 이렇게 극도로 건조하다. 이런 땅에서 농사를 짓는다는 것은 언감생심 불가능한 일로 보였다. 그러나 다행히 그 땅에 나일강이 있었다. 고대 그리스의 역사가 헤로도토스는 "이집트는 나일강의 선물이다"라는 명언을 남겼다. 이집트인들은 예나 지금이나 나일강의 물을 이용해 농사를 짓는다. 이에 관개농업(irrigation cultivation)이 발달한 것이다.

나일강은 세계에서 가장 긴 강이지만 수량은 상당히 적은 편이다. 강변에 서서 보면 물은 저 아래쪽에 있다. 밭에 물을 대려면 강물을 퍼 올려야 하는데 양수기가 없던 시대였으니 인력이나 가축의 힘을 이용할 수밖에 없었다. 신명기 11장 10절에 따르면 이스라엘 사람들도 이 작업에 동원되었다. 이집트에서 노예살이할 때 이 노동을 했는데, 분명 뜨거운 태양 아래 매우 힘들고 지루한 작업이었을 것이다.⁴ 이런 식으로 퍼 올린 물이 농사짓기에 충분했을까? 당연히 턱없이 부족했다. 농토는 대단히 넓어 남에서 북으로 흐르는 강을 따라 750킬로미터가량 길게 펼쳐져 있었고, 강 하구에는 거대한 삼각주가 있었다. 적어도 3만 제곱킬로미터는 거뜬히 되는 광활한 농지였다. 한국 국토 면적의 3분의 1에 해당하는 그 넓은 땅에 사람이나 가축의 힘으로 물을 댄다는 것은 너무 무리한 일이었다.

다행히 강물은 일 년에 한 번씩 저절로 밭으로 흘러 들어왔다. 홍수가 나면서 강이 범람했던 것이다. 홍수는 거의 틀림없이 매년 7월에 시작해 9월에 끝났다. 5~6월이 되면 밭들은 마를 대로 말라 거북 등같이 쩍쩍 갈라진다. 아무것도 자랄 수 없는 황량한 벌판이다. 태양은 뜨겁게 내리쬐고 맑은 하늘에는 구름 하나 없다. 그런데 갑자기 강물이 불어나 밭으로 흘러 들어오는 기적 같은 일이 일어나는 것이다. 말라 죽은 것 같았던 땅은 물을 먹고 소생한다. 9월이 되면 강의 수위가 낮아지면서 범람했던 물이 도로 빠져나간다. 또 한 번의 기적이 일어나는 것이다. 물이 들어왔다 나간 자리에는 얇은 흑토 층이 남는다. 홍수 때 나일강이 상류에서 운반해 온 기름진 충적토다. 이 시기에 농부들은 씨를 뿌리는데 주로 밀과 보리를 심었다. 촉촉이 젖은 기름진 땅에서 뜨거운 태양의 도움으로 곡식은 무럭무럭 잘 자란다. 성장기인 겨울도 그다지 춥지 않기에 곡식이 자라는 데는 아무 문제가 없다. 이듬해 4월이 되면 나일강 변의 밭들은 실한 곡식으로 가득 찬다. 이집트인들은 매년 이런 식으로 농사를 지어 먹기 좋은 곡식을 대량으로 생산했다. 하늘의 선물이라 할 나일강의 은혜로 고대 이집트는 지중해권 나라들 가운데 가장 크고 비옥한 곡창 지대를 가질 수 있었다. 이를 바탕으로 찬란하고 풍요로운 이집트 문명이 만들어진 것이다.[5]

  매년 홍수가 찾아왔지만 그 규모는 일정하지 않았다. 강바닥을 기준으로 강물의 높이가 7~8미터 정도로 불어나면 알맞은 홍수가 되었다. 밭들은 적절한 양의 물로 가득 찼다. 그러면 쉽게 농사를 지을 수 있었다. 강물의 높이가 이보다 더 높아지면 홍수의 규모가 지나치게 커져 밭뿐 아니라 마을까지 물에 잠겨 아수라장이 되었다. 반면 강물의 높이가 7미터에 못 미치면 제방을 넘어 밭으로 흘러 들어오는 물의 양이 모자라 이런 해에는 흉년이 들 수밖에 없었다. 당연하게도 이집트인들은 강의 수위를 조절하고 싶은 마음이 간절했다. 하지만 그들이 할 수 있는 것은 아무것도 없었다. 강물의 양은 나라 밖 멀고 먼 남쪽에서 결정되기 때문이다. 나일강의 상류에는 세 개의 지류가 있는데, 그중에 제일 크고 중요한 것이 청나일(Blue Nile)이다. 이집트로 흘러 들어오는 강물의 80%를 청나일이 공급한다. 이 지류는 아프리카의 지붕으로 불리는 에티오피아고원에서 발원한다. 적도에 가까운 고산 지대인 이곳에는 평소에는 비가 적게 오지만 우기가 되면 엄청난 양이 쏟아진다. 인도양의 습한 공기가 동풍을 타고 흐르다 에티오피아의 고산 지대에 걸려 내리는 열대성 폭우다. 우기는 6월에 시작되어 9월 중순까지 지속되는데 이때 내리는 비 때문에 나일강 하류에서 홍수가 일어나고, 이 비의 양에 따라 홍수의 규모가 결정되는 것이다.[6]

고대 이집트인들은 강의 수위를 조절할 수는 없었지만 그런 가운데서도 자신들이 할 수 있는 것을 찾고 연구했다. 그렇게 해서 만든 것이 '나일강 수위 측정 장치' 곧 '나일로미터'(Nilometer)다. 나일로미터는 대개 신전 근처의 강가에 만들어졌고, 바위에 눈금을 새긴 형태가 주로 사용되었다. 수위 측정은 엘리트 사제들이 맡았는데, 홍수가 오기 전에 매일 강물의 높이를 재면서 데이터를 분석했다. 그런 방법을 통해 그해 일어날 홍수의 시기와 규모를 어느 정도 예측하고 대비할 수 있었다. 백성의 생계와 나라의 경제가 한 해 농사에 달려 있었고, 그 농사는 홍수의 규모에 달려 있었기 때문에 파라오는 치수 관리에 온 마음과 힘을 쏟았다. 홍수철이 다가오면 강의 수위가 얼마인지 매일 보고받을 정도였다.[7]

홍수를 조절하고자 노력한 끝에 이집트인들은 운하(canal)와 제방(dike)을 만들어 사용했다. 운하는 강물을 끌어들여 원하는 곳으로 흘려보내는 수로였다. 밭에 물을 대려면 운하 외에도 그 밭을 둘러싼 제방이 필요했다. 그래야 들어온 물을 가두어 둘 수 있기 때문이다. 그 밭이 충분히 적셔지면 제방에 달린 수문을 열어 다음 밭으로 물을 흘려보냈다. 이집트인들은 이런 식으로 관개 기술을 발전시켰고 웬만한 홍수나 가뭄은 거뜬히 이겨낼 수 있었다.

파라오는 운하와 제방에 지대한 관심을 가지고 있었다. 고대 이집트를 최초로 통일해 제1왕조를 창건한 파라오로 알려진 메네스(Menes)만 보아도 그런 사실을 알 수 있다. 1897년 고고학자들이 메네스의 철퇴를 발굴했는데 거기에는 메네스가 괭이로 운하를 파는 모습이 새겨져 있었다. 왕이 손수 운하를 파 모범을 보임으로써 그가 관개 사업을 얼마나 중요하게 여겼는지를 백성들에게 알리는 그림이다.[8]

홍수 후에는 기존의 운하와 제방이 변형되거나 사라지는 일이 많았기 때문에 보수하거나 새로 건설해야 했다. 덕분에 이집트에는 일찍부터 측량 기술과 수학이 발달했다. 운하와 제방 건설은 수많은 백성이 동원되는 국가적 규모의 토목공사였고, 파라오의 절대적 권위 아래 시행되었다.

치수(治水)에 관한 문외한이 이집트의 운명을 책임지다

창세기 41장의 기록으로 들어가 보자. 어느 날 파라오가 꿈을 꾸었는데 그 내용이 심상치 않았다. 꿈에 보니 자기가 나일강 가에 서 있는데 아름답고 살진 암소 일곱 마리가 강에서 올라와 풀을 뜯어 먹는다. 꿈이 여기서 끝났더라면 기분이 상쾌했을 것이다. 하지만 꿈은 다음 장면으로 이어진다. 이번에도 일곱 마리의 소가 강에서 올라오는데 앞의 소들과는 대조적으로 흉하고 삐쩍 말랐다. 그런데 이 소들은 풀을 먹는 것이 아니라 엽기적이게도 앞선 살진 암소들을 먹어 치운다. 이 장면에서 왕이 잠이 깬 것을 보면 무척 놀란 것이 틀림없다. 초식 동물인 소가 다른 소를 잡아먹었으니, 게다가 마르고 흉한 소가 통통하고 아름다운 소를 잡아먹으니 놀랄 만도 하다.

파라오는 다시 잠이 들고 또 꿈을 꾸었다. 이번에는 곡식이 보이는데 충실하고 굵은 이삭 일곱 개다. 여기까지만 보면 길몽인데 이번에도 꿈은 여기서 멈추지 않는다. 이어서 건조한 동풍에 마른 이삭 일곱 개가 나오더니 앞선 충실한 이삭을 모두 삼켜 버린다. 이 장면에서 왕은 또 잠이 깼다. 불길한 꿈이 두 번이나 반복되니 상당히 놀랐을 것이다. 아침이 되었으나 꿈 때문에 마음이 심히 불편했다. 꿈에 본 것을 정리해 보면 나일강, 암소, 이삭, 동풍 등 모두 농사와 관련된 것이다. 그러니 왕은 더욱 마음이 쓰였을 것이다. '혹시 올해 농사가 잘못되려고 내가 이런 꿈을 꾸었나?' 이런 걱정이 왜 들지 않았겠나. 한 해 농사가 잘못되면 이집트 경제 전체가 심각한 타격을 입는다. 꿈의 뜻이 궁금해 견딜 수 없었던 파라오는 사람을 보내 이집트에서 내로라하는 점술사와 현인들을 불러 모아 물었다. 하지만 아무도 그 꿈을 해석하지 못했다.

그때 왕의 술을 책임지고 있는 신하에게 2년 전 사건이 불현듯 떠올랐다. 그가 감옥에 있을 때 요셉이라는 히브리 젊은이가 꿈을 해석해 주었던 일이 생각난 것이다. 그 해몽대로 그는 사흘 후에 복직되었고, 동료인 왕의 빵을 책임지던 신하는 사형을 당했다. 히브리 청년은 왕의 술을 책임지고 있던 신하에게 감옥에서 풀려나면 자기를 기억해 달라고 부탁했었다. 자기는 누명을 쓰고 감옥에 들어왔으니 파라오에게 이 사실을 알려 구해 달라는 부탁이었다. 복직된 신하는 이 사실을 까맣게 잊고 있다 이제야 기억이 난 것이다. 왕에게 이 사실을 소상히 아뢰자 "속히 그 히브리 청년을 데려오라"는 명령이 떨어졌다.

비록 왕의 신하의 추천을 받아 왕 앞에 섰지만, 사실 파라오와 신하들이 볼 때 이 히브리인은 초라한 이방인에 불과했다. 이집트인도 아니고, 교육을 받지도 못했고, 노예로 살다 감옥에서 썩고 있던 별 볼 일 없는 청년이었다. 점술사와 현인들이 왕의 꿈을 해석하지 못하고 진땀을 흘리는 통에 이런 자에게까지 기회가 돌아갔다고 생각하는 신하들도 있었을 것이다. 그럼에도 요셉은 주눅 들지 않고 왕이 그의 꿈 해몽 능력에 대해 말을 꺼내자 당당히 이렇게 말했다.

"저에게는 그런 능력이 없습니다. 임금님께서 기뻐하실 대답은, 하나님이 해주실 것입니다"(창 41:16, 새번역).

이 말이 마음에 들었는지 파라오는 요셉에게 자신의 꿈을 소상히 말했다. 왕이 말을 마치자 요셉은 지체하지 않고 꿈을 해석했다. 왕이 꾼 꿈은 이집트와 그 주변 지역에 곧 다가올 7년 연속 풍년과 7년 연속 흉년에 관한 예고였다. 흉하고 파리한 일곱 마리 소가 살진 일곱 마리 암소를 모두 먹어 치운 것에서 알 수 있듯이, 7년 풍년이 가져올 소출보다 7년 흉년이 초래할 피해가 훨씬 더 클 것이었다. 고대에는 한 해만 흉년이 들어도 굶어 죽는 사람들이 속출했다. 일곱 해 연이어 흉년이 발생한다면 그것은 이집트와 그 주변 지역의 완전한 멸망을 의미한다. 그래서 요셉은 적절한 대책을 세우지 않으면 이집트가 망할 것이라고 두 번이나 강조했다(창 41:30, 36). 이에 더하여 하나님이 가까운 미래에 반드시 이룰 일을 파라오에게 미리 보여 주셨다는 사실을 세 번 반복해 언급함으로써 그 일이 반드시 일어날 것임을 강조했다(창 41:25, 28, 32).

요셉의 해몽이 맞는다면 머지않아 무시무시한 재난이 이집트를 덮칠 것이다. 7년 연속 흉년은 한 번도 경험해 보지 못한 재난이다. 나라 전체가 생사의 기로에 놓일 것이므로 시급한 대책이 필요했다. 파라오와 신하들은 가만히 앉아서 당할 수는 없다고 조바심을 냈지만, 무슨 대책을 어떻게 세워야 할지 막막하기만 했다. 다행히 히브리 청년은 해몽에 그치지 않고 대책도 내놓았다. 간략히 말해, 명철하고 지혜로운 총리를 세워 일곱 해 풍년 동안 곡식을 충분히 비축해 두라는 것이었다. 이 권고에 따라 왕은 요셉을 총리로 세우고 '7년 대흉년 비상대책본부'를 그의 지휘에 맡겼다. 이집트 왕실과 신하들은 나일강 치수 전문가들이다. 가뭄과 이로 인한 흉년도 여러 차례 겪어 보았을 것이다. 그럼에도 7년 연속 흉년 앞에서는 속수무책이었다. 파라오는 이집트인 중에는 이번 일을 맡을 사람이 없다고 판단했다. 신하들도 마땅히 추천할 인물이 없음을 알았다. 그런 상황에서 파라오가 요셉을 총리로 지목하니 모두가 이 결정을 좋게 여겼다. 왕과 신하들은 잘 알지도 못하는 한낱 이방 청년에게 전권을 맡김으로써 나라의 안위와 백성의 목숨을 건 큰 모험을 하게 되었다.

일곱 해 풍년이 시작되자 추수한 곡식의 양이 크게 늘어났다. 요셉은 모든 백성의 소출에서 5분의 1을 세금으로 거두었다. 평년보다 훨씬 많은 곡식이 생산되었기 때문에 그 정도 분량을 세금으로 내도 별문제가 없었을 것이다. 이렇게 거둔 곡식은 각 성읍 주위에 저장고를 만들어 차곡차곡 비축했다.

마침내 올 것이 왔다. 일곱 해 흉년이 시작된 것이다. 흉년의 원인은 가뭄이었다. 이집트에 가뭄이 일어났다는 것은 나일강의 수위가 크게 낮아져 밭으로 끌어들일 물이 없었다는 얘기다. 이집트에는 비가 거의 오지 않는다. 따라서 나일강의 수위는 이집트에 내리는 비의 양과는 상관이 없다. 강의 상류 지역인 에티오피아고원에 내리는 비의 양에 따라 나일강 하류의 수위가 결정된다. 우기가 되었는데도 상류에 비가 오지 않으니 강 하류의 수위는 바닥까지 떨어졌고, 그래서 파종 자체가 불가능했다. 기근으로 타격을 입은 지역은 이집트만이 아니었다. 가나안 지역에도 비가 오지 않았다. 당시의 가뭄은 국지적인 것이 아니라 적어도 에티오피아, 이집트, 가나안 지역에 걸친 대규모의 가뭄이었다.

이집트인들은 처음에는 각자 비축해 두었던 식량을 먹으며 견뎠지만 흉년이 계속되자 식량은 금세 바닥이 났고 나라 전체가 위기에 빠졌다. 다행히 요셉은 곡식을 넉넉히 비축해 두었고 때가 되자 그것을 풀기 시작했다. 덕분에 이집트 사람들뿐 아니라 이웃 나라 사람들도 굶주림과 아사를 피할 수 있었다.

대흉년 대 팬데믹

7년 대흉년과 코로나19 팬데믹의 원인은 각기 다르다. 전자는 가뭄이요, 후자는 신종 바이러스다. 그러나 둘 사이에 공통점도 있다. 둘 다 자연재해이며 사람의 능력으로 감당하기엔 너무 큰 재난이다. 대흉년에 대한 예고를 들었을 때 이집트인들이 이를 과소평가해 요셉과 그의 하나님을 무시하고 자신들의 능력으로 극복해 보고자 했다면, 요셉의 말대로 나라 전체가 망하고 말았을 것이다. 다행히 파라오와 이집트 지도자들은 다가올 재난이 나라 전체를 멸망으로 몰아넣을 만큼 강력한 것이 되리라는 메시지를 진지하게 받아들였다.

이에 더하여 그 재난 앞에서 자신들이 할 수 있는 것은 아무것도 없다는 것을 빨리 깨닫고 겸손히 요셉의 말에 따랐다. 그 결과, 피해를 최소로 줄일 수 있었고 특히 인명 피해는 거의 입지 않았다. 7년이나 이어진 대흉년에서 아사한 사람이 거의 없다는 것은 기적이 아닐 수 없다. 대흉년을 통해 하나님이 이집트 사람들에게 원하신 것이 무엇이었을까? 그것은 그들이 그 재난을 통해 그분을 알게 되고 경외하는 것이었다.

존 파이퍼(John Piper)는 그의 책 《코로나 바이러스와 그리스도》(Coronavirus and Christ)에서 하나님이 세상의 절대적인 주권자이시며 그분의 주권 밖에서 이루어지는 일은 아무것도 없음을 잘 설명한 다음 이렇게 말한다.

> 따라서 코로나 바이러스도 하나님이 보내신 것이다.…지금은 혹독한 시련의 때이다. 하나님이 이 일을 작정하셨고, 통제하신다.[9]

나는 그의 말에 전적으로 동의한다. 하나님의 허락 아래 7년 대흉년이 일어났고 그분이 모든 상황을 통제하셨듯이, 코로나19 팬데믹도 그분의 허락 아래 일어났고 그분이 상황을 통제하셨으며 지금도 그렇게 하고 계신다.

대흉년 앞에서 파라오와 이집트인들이 배운 것은 자신들의 한계를 인정하고 하나님의 말씀을 받아들이고 따라야 한다는 것이었다. 오늘날 현대인들도 코로나19를 겪으며 이집트 사람들처럼 자신들의 한계를 깊이 절감하고 하나님을 찾고 의지해야 함을 배웠을까? 가령 배웠다 해도 얼마나 많은 사람이 실제로 그렇게 했을까? 코로나19와 같은 팬데믹이 발생했을 때 물론 우리는 방역 수칙을 지키고 의료진들을 응원하면서 이 전염병의 종식을 위해 최선을 다해야 한다. 하지만 그보다 훨씬 더 중요한 것이 있다. 그것은 인간의 한계를 인정하고 오만하게 행동하지 않는 것이며, 하나님을 찾고 그분의 메시지에 귀를 기울이는 것이다. 사람은 한계에 부딪힐 때 비로소 겸손해지고 전능자를 찾는다. 인간의 이런 모습은 동서고금을 통틀어 다름이 없다.

2.
인간의 한계를 인정하기가 쉬울까?

고대 이집트인들은 나일강에 의존해 살아가면서 관개 기술을 크게 발전시켰다. 그럼에도 심한 가뭄이나 홍수가 발생하면 손을 쓸 수가 없었다. 이에 비해 오늘날 인류는 훨씬 앞선 지식과 능력을 가지고 있다. 웬만한 재해가 닥쳐도 끄떡없이 농사를 지을 수 있다. 댐을 막아 필요한 수자원을 확보하고, 운하를 건설해 멀리까지 물을 공급하며, 지하 수백 미터까지 암반을 뚫어 지하수를 퍼 올린다. 형편이 이렇게 넉넉하다 보니 가뭄이 닥쳐도 겸손해지는 사람은 드물고, 하나님을 찾는 사람은 더욱 드물다.

감염병 앞에서도 사람들의 반응은 비슷하다. 과거에 전염병은 공포 그 자체였고 원인도 잘 몰랐기 때문에 속수무책으로 당할 수밖에 없었다. 그러나 오늘날은 크게 진보한 의학과 과학 덕분에 감염병을 일으키는 대부분의 박테리아와 바이러스의 정체가 밝혀졌고, 백신이 개발되어 이런 병원균이 인체에 들어오는 것을 사전에 차단할 수 있어 과거와는 상황이 다르다. 혹시 감염되더라도 효과적으로 치료할 수 있는 뛰어난 약들이 대량으로 만들어졌기에 이제 대다수의 사람에게 감염병은 더는 공포의 대상이 아니다. 그래서 감염병 앞에서 마음이 낮아져 하나님을 찾는 사람은 소수에 불과하고, 대부분은 하나님보다 의학에 더 의지한다. 날로 발전하는 의학 덕분에 이미 많은 감염병을 무력화시켰고, 아직 꺾이지 않고 버티는 일부 병균들도 머지않아 굴복시킬 수 있다고 낙관한다.

과학의 진보에 힘입어 인류가 병균들과의 전쟁에서 유리한 고지를 점령한 것은 사실이지만, 그렇다고 이제 전세가 완전히 인류 쪽으로 기울었다고 단정 짓기는 아직 이른 것 같다. 어떤 강력한 병균이 나타나도 재빨리 대처해 무력화할 정도로 의학과 과학이 발전했다고 낙관할 수는 없다는 것이다. 감염병의 역사를 간략하게나마 훑어보는 것이 현실 파악에 도움이 될 것이다.

병균과의 전쟁

고대, 중세, 근대까지 전염병이 돌면 사람들은 무력하게 당할 수밖에 없었다. 대표적인 예가 14세기 유럽을 공포로 몰아넣은 페스트(plague)다. 박테리아의 일종인 페스트균은 쥐를 통해 대륙 전체에 퍼졌고, 4-5년이라는 짧은 기간에 유럽 인구 1/3이 목숨을 잃었다.[10]

또 하나 중요한 예는 천연두(smallpox)다. 천연두 바이러스가 일으키는 이 감염병은 인류 역사에서 수많은 생명을 앗아갔고, 그저 많은 사망자를 발생시킨 정도가 아니라 한 문명 전체를 멸절시키기도 했다. 지리학자이자 생리학자이며 문화인류학자인 재레드 다이아몬드(Jared Diamond) 교수는 그의 책 《총, 균, 쇠》(Guns, germs, and steel)

에서 이러한 사실을 설득력 있게 설명한다. 이 책에 따르면, 수적으로 크게 열세였던 스페인 군대가 아메리카 원주민들과의 싸움에서 이길 수 있었던 결정적인 이유는 바로 바이러스였다.[11] 아즈텍(Aztec) 제국을 정복한 에르난 코르테스(Hernán Cortés)의 군대는 508명이었고,[12] 잉카(Inca) 제국을 멸망시킨 프란시스코 피사로(Francisco Pizarro)의 군대는 겨우 180명에 불과했다.[13] 유럽에서 배를 타고 대서양을 건너 먼 거리를 이동해야 했기에 그럴 수밖에 없었다. 이에 비해 아즈텍이나 잉카는 각각 수만 명의 전사를 보유하고 있었다. 그럼에도 스페인 군대가 어렵지 않게 남아메리카 원주민들을 무력화한 것은 총과 대포라는 월등히 우월한 무기를 가지고 있었기 때문이었다. 스페인 군대를 저지하기에 원주민들의 칼과 창은 너무 약했다.

수적인 우세에 의지해 겨우 버티고 있던 그들에게 결정타를 가한 것은 유럽산 생화학 무기였다. 스페인군은 자신들도 모르게 그런 무서운 무기를 가지고 있었는데 그것이 바로 천연두 바이러스였다. 당시 유럽에서는 천연두가 주기적으로 발생했기에 이 병균에 면역력을 가진 사람이 많았지만, 신대륙에는 아직 이 바이러스가 없었기에 아메리카 원주민 중에는 천연두에 걸려 본 사람이 없었고 면역력을 가진 사람도 당연히 없었다. 스페인 군인들이 신대륙을 침략할 때 부지중에 천연두 바이러스를 가져갔고, 결과적으로 아즈텍인과 잉카인들이 차례로 감염되어 무더기로 죽어 나갔던 것이다.

태고로부터 근세에 이르기까지 병균과 인간의 싸움에서 승자는 주로 병균이었다. 하지만 18세기 이후로 의학과 과학의 발전 속도가 빨라지면서 전세는 서서히 역전되었다. 18세기 말 영국의 의학자 에드워드 제너(Edward Jenner)는 천연두를 예방할 수 있는 손쉬운 방법을 찾아냈다. 인류가 만든 최초의 백신이었다. 종두법으로 명명된

이 백신 제조법이 널리 보급되면서 천연두는 획기적으로 줄어들기 시작했다. 1977년에는 환자가 더는 발생하지 않았고, 세계보건기구는 천연두 바이러스가 지구상에서 사라졌다고 공식 발표했다. 그야말로 바이러스를 상대로 해 인류가 쟁취한 통쾌한 승리였다.[14]

오랫동안 인류를 괴롭혀 온 소아마비 바이러스, 홍역 바이러스, 풍진 바이러스 등에 대한 백신도 속속 개발되고 보급되면서 1960년대 이후로 이런 질병들도 급격히 줄어들었다. 또 페니실린을 필두로 강력한 항생제들이 개발되면서 페스트, 결핵, 나병 등 여러 세균성 질병과의 싸움에서도 승기를 잡았다. 과학자들은 머지않아 모든 감염성 질병을 정복할 수 있을 것으로 낙관했다. 병균과의 싸움에서 유리한 고지를 점령한 것은 분명히 기쁜 소식이었지만, 문제는 발전된 과학의 힘을 과신해 최종 승리를 지나치게 낙관했다는 것이다.

인류의 오만이 깨지는 데 오랜 시간이 필요하지 않았다. 병균 진영이 신무기를 내세워 반격을 시작했다. 1970년대 이후에 발생한 신종 바이러스 중에는 무시무시한 것들이 많다. 에이즈(AIDS)를 일으키는 인간면역결핍 바이러스(HIV)는 사회에 큰 파장을 일으켰고, 아프리카에서 출현한 에볼라(Ebola) 바이러스는 수많은 희생자를 냈다. 사스(SARS), 메르스(MERS), 신종 플루는 연이어 전 세계를 깊은 불안에 빠뜨렸고, 모기를 통해 전염되어 태아 소두증을 유발하는 지카(Zika) 바이러스는 아직도 임산부들을 근심하게 하며, 살인진드기가 옮기는 바이러스는 20%에 이르는 높은 치명률로 사람들을 두렵게 한다. 병균과의 전쟁은 아직 끝나지 않았다. 의학과 과학이 아무리 발전해도 사람이 이기기 어려운 병균들이 있다. 병균 진영을 과소평가한다면 그 대가를 호되게 지불할 것이다.

3.
코로나19를 과소평가한 캐나다

코로나19 발생 초기에 이를 과소평가한 나라들이 적지 않았는데 캐나다도 그 가운데 하나였다. 2020년 초 중국에서 발생한 코로나19가 세계로 퍼져나가기 시작했을 때 캐나다 공중보건청(Public Health Agency of Canada) 관리들은 조금 긴장하면서도 크게 염려하지는 않았던 것 같다. 믿는 구석이 있었기 때문이다. 그중 한 가지는 캐나다의 의료보험이다. 이 나라는 북미에 있지만 미국과는 달리 서유럽 방식에 가까운 보험 제도가 정착되어 있어 국민이 의료비 걱정을 하지 않는다. 자국민뿐 아니라 이민자들도 보험 혜택을 받기 때문에 의료 사각지대가 거의 없는 것도 장점이다.

또 한 가지 든든한 구석은 '사스'에 당한 뼈아픈 경험으로 얻은 감염병 대비 체계였다. 2002년 이 전염병이 발생해 홍콩과 중국을 공포의 도가니로 몰아넣었을 때 세계는 바짝 긴장했으나 다행히 바이러스는 중화권을 벗어나지 않았다. 캐나다는 지리적으로도 멀리 떨어져 있었기에 거의 강 건너 불구경하는 태도로 관망했다. 캐나다 공중보건청은 "설마 불씨가 강을 넘어 우리나라까지 날아오겠어? 만에 하나 그런 일이 일어난다 해도 홍콩과 환경이 전혀 다른 이곳에서는 힘없이 꺼져 버릴 게 틀림없어"라는 식의 생각으로 방심했던 것 같다. 그런데 예상을 뒤엎고 불씨 하나가 멀리 튀어 하필이면 캐나다에 떨어졌으니, 토론토에 거주하는 한 60대 여성이 홍콩에 다녀온 후 사스 확진 판정을 받았던 것이다.

이 바이러스는 '메이드 인 차이나'임에도 캐나다 토론토 지역에서도 인간을 숙주 삼아 거침없이 번져 가기 시작했다. 불과 몇 달 만에 251명이 확진 판정을 받고 그 가운데 44명이 사망했다.[15] 코로나19로 엄청난 숫자의 확진자와 사망자를 경험한 오늘날 우리가 보기에 이 수치는 아무것도 아닐 수 있다. 하지만 당시에는 캐나다 전국을 바짝 긴장시킬 만큼 심각한 수치였다. 특히 17%에 육박하는 치명률은 상당한 공포감을 조성했다. 캐나다는 중화권을 제외한 나라들 중 유일하게 확진자와 사망자가 나온 나라였고, 세계에서 세 번째로 많은 사망자가 발생했다는 오명을 남겼다. 깨끗하고 아름다운 자연과 잘 발달된 사회복지제도를 자랑스럽게 여기던 캐나다인들이 받은 충격은 컸다.

뒤늦게나마 정신을 차린 연방 정부는 토론토대학교 의과대학 학장이면서 감염병 전문가인 데이비드 네일러(David Naylor) 박사를 발탁해 전염병 대책본부를 꾸리게 했다. 네일러 박사팀은 캐나다가 사스에 당한 이유를 철저히 분석했고 이에 근거해 계획을 세우고 차근차근 실행에 옮겼다. 감염병 전문가들이 양성되었고 음압 병상 등 필요한 시설과 장비들이 확보되었다. 사스나 메르스와 같이 팬데믹을 일으킬 수 있는 바이러스에 관한 학술 연구 분야에서도 꽤 발전이 있었다. 보건 정책에도 상당한 진전이 있어 제2의 사스가 발생할 경우 어떤 정책을 펼쳐 바이러스의 국내 유입을 차단할 것인지, 혹 유입된다면 어떻게 확산을 저지할 것인지에 대한 대비가 되어 있었다.[16]

2020년 2월 중순에 캐나다에서도 코로나19 확진자가 발생했다. 공중보건 책임자들은 이 바이러스가 사스보다 더 강하다는 것을 알았지만 해볼 만한 싸움이고 충분히 승산이 있다고 생각했다. 앞서 언급한 대로 믿는 구석이 있었기 때문이다. 연방 정부는 주 정부들과 힘을 합해 이 새로운 침입자를 막고자 총력전을 펼쳤다. 매일 오전 저스틴 트뤼도 총리가 국민들에게 상황 보고를 했고, 오후에는 각 주 수상들이 각각 자신들의 주에서 그렇게 했다. 시민들은 위기 중에도 어느 정도 안심할 수 있었고, 몇 달만 참고 견디면 이 위기가 종식될 것이라는 희망을 품은 이도 많았다.

노인 요양원에서 일어난 비극

5월이 시작되면서 이 희망의 싹은 시들기 시작했다. 캐나다 인구의 60% 이상이 살고 있는 온타리오주와 퀘벡주에서 확진자 수가 가파르게 증가했고, 음압 병실은 물론 일반 중환자실까지 코로나19 환자로 포화 상태가 되었다. 곧이어 시들어 가던 희망의 싹이 완전히 꺾이는 사건이 발생했다. 양로원과 노인 요양원에서 무더기로 사망자가 발생한 것이다. 캐나다는 노인 복지가 발달한 나라답게 다양한 양로원이 있고 대부분 시설이 좋다. 많은 노인이 이를 이용하는데, 자신의 형편에 따라 저렴한 공립 양로원이나 시설이 좀더 좋은 사립 양로원 중에 선택할 수 있다. 평판이 좋은 공립 양로원에 입주하려면 대기자 명단에 이름을 올리고 이삼 년을 기다리는 게 보통이다. 그런데 182개의 양로원과 요양원에서 집단 감염과 사망자가 발생했다. 입주자 가운데 20% 이상이 사망한 곳이 80개에 달했고, 40% 이상이 사망한 곳도 5개나 되었다.[17] '어머니날'이 있는 5월에는 많은 사람이 양로원에 있는 자신의 부모를 찾는다. 그런데 코로나19에 감염된 곳이 크게 늘어남에 따라 양로원 방문은 전면 금지되었고, 부모의 갑작스러운 사망 소식을 전해 듣는 이도 많았다. 퀘벡과 온타리오 주민들은 충격에 빠졌다. 저스틴 트뤼도 총리를 비롯해 퀘벡주와 온타리오주 수상들은 양로원 집단 감염 사건에 대해 공식적으로 사과했고, 이후로 캐나다 공중보건청이 코로나19를 대하는 자세는 겸손해지기 시작했다.

일례를 들면, 마스크 착용에 대한 법규가 양로원 집단 감염 사태 이후에 바뀌었다. 코로나19 발생 초기인 2020년 3월만 해도 캐나다 공중보건청은 일반인들의 마스크 착용에 대해 부정적이었다. 바이러스 전염을 막는 데 제일 중요한 것은 사회적 거리 두기와 손 씻기이며 마스크는 쓸 필요가 없다고 홍보했다. 한국의 질병관리청장에 해당하는 캐나다 공중보건청장 테레사 탬(Theresa Tam) 박사까지 언론을 통해 마스크 착용에 대한 부정적인 입장을 밝혔다.[18] 그렇지 않아도 서양 사람들이 마스크를 싫어하는데 캐나다 공중보건을 책임지고 있는 최고위 전문가의 입장이 그러하니 사람들은 마스크 착용을 더욱 꺼렸다.

그 무렵 나는 식료품을 사러 월마트에 갈 일이 있었다. 당연히 마스크를 썼다. 마음 같아서는 한국산 'KF94' 마스크를 쓰고 싶었으나 구할 수 없어 아마존에서 산 중국산 덴탈 마스크를 쓰고 갔다. 매장에 들어갈 때 직원이 나를 힐끔 쳐다보았지만 대수롭지 않게 생각했다. 쇼핑을 하는 중에도 사람들이 계속 나를 힐끔힐끔 쳐다보며 거리를 멀찍이 유지해 기분이 이상했는데 잠시 후 그 이유를 알았다. 내가 마스크를 쓰고 있으니 '저 사람 혹시 코로나19 증세가 있나?' 했던 것이다. 그러고 보니 그 넓은 매장에 마스크를 쓴 사람이 거의 없었다. 직원들은 모두 노 마스크였고, 손님들 중에도 아시아인 몇몇을 제외하고는 모두 맨얼굴이었다.

당시 팬데믹의 공격을 잘 막아내고 있던 한국, 싱가포르, 대만 같은 나라들이 마스크 착용을 강조한다는 사실을 캐나다 공중보건청 관리들도 알고 있었지만 이들은 계속해서 마스크 착용을 무시했다. 그러나 양로원 집단 감염 이후로 자세가 달라졌다. 퀘벡과 온타리오 등 주요 주들이 공공장소에서 마스크 착용을 의무화했다. 캐나다 공중보건청 관리들과 정치인들이 코로나19 초기부터 겸비한 자세로 대책을 세웠다면 양로원 집단 감염 사태는 피할 수 있지 않았을까?

4.
정책이나 실력을 앞서는 인물

　일곱 해 흉년은 이집트와 그 이웃 나라들을 덮친 대규모의 가뭄이면서 기간도 길었기 때문에 고대 사회에서는 더는 손써 볼 수 없는 무서운 재난이었다. 그럼에도 결과적으로는 그 시련을 잘 이겨냈다. 무엇이 이를 가능하게 했을까? 요셉이 시행한 '정책' 덕분이었다고 대답할 수도 있을 것이다. 물론 그것은 탁월한 정책이었다. 간략히 말해 7년 대풍년 때 백성이 수확한 것의 20%를 거두어 모아 둔 것은 그야말로 '신의 한 수'였고, 대흉년 기간에 사람들에게 곡식을 그냥 나누어 주지 않고 적절한 가격에 판 것도 비범한 정책이었다. 그가 시행한 토지법은 그 상황에 딱 들어맞는 토지 및 조세 체계로 온 백성의 전폭적인 지지를 얻었고 대흉년을 이기는 데 결정적으로 기여했다.

　이 히브리 청년이 시행한 정책은 월등했던 것이 분명하고, 오늘날도 재난 앞에서 참고할 만한 우수한 것임에 틀림없다. 그런데 정책보다 훨씬 더 중요한 것이 있다. 그것은 '인물'이다. 이집트와 그 주변

국가들이 심각한 흉년에서 망하지 않고 거뜬히 살아남은 것은 빼어난 정책 덕분이기도 하지만, 더 근본적으로는 요셉이라는 인물 덕분이다. 우리는 이 사실에 주목해야 한다. 창세기 41-47장에는 이러한 사실이 잘 기록되어 있다.

파라오가 요셉을 택한 이유

요셉은 파라오와 신하들에게 다가올 대풍년과 대흉년에 대해 말해 주었고, 그 대책까지도 소상히 알려 주었다. 덕분에 이집트 왕궁은 대재난에 대한 정보를 알게 되었고 적절한 대책도 확보했다. 이제 요셉의 조언대로 '명철하고 지혜 있는 사람'을 택해 총리로 세우고 그 대책을 실행에 옮기면 되는 것이었다.

이런 상황에서 이집트 왕이 굳이 요셉을 총리로 발탁할 이유는 없다. 그는 이집트인도 아니며 노예 출신에다 현재는 죄수 신분이다. 한 나라의 총리는 아무나 할 수 있는 것이 아니다. 실질적인 통치자로서 나라의 운명을 좌우할 수 있는 막중한 자리가 총리직이다. 요셉이 비록 왕의 꿈은 잘 해석했지만 '나라를 다스리는 일'은 해본 적이 없다. 정치에 풋내기인 그가 갑자기 높은 자리에 앉게 되면 실정을 범할 가능성이 크고, 그러면 나라가 거덜 날 수도 있다. 그런 사람에게 총리직을 맡긴다는 건 무모하고 무책임해 보이기까지 하다. 당시 이집트는 이미 긴 역사와 빼어난 문화를 가진 강대국이었고, 사제들을 중심으로 나일강 치수에 전문적인 지식과 경험을 가진 엘리트들이 있었다. 신하들 중에는 홍수와 가뭄을 여러 차례 겪으며 나라의 행정을 이끌어 온 노련한 베테랑들도 있었을 것이다.

그런데도 파라오는 굳이 이 히브리 청년을 총리로 발탁했다. 왕은 앞으로 일어날 대흉년이, 자연이 우연히 만들어 내는 현상이 아니라 어떤 '신'이 일으키는 것임을 알았다. 자신의 꿈과 요셉의 해몽을 통해 이 같은 사실을 분명히 알게 된 것이다. 그 신은 이집트의 태양신 '라'(Ra)도 아니었고, 풍요와 농업의 여신 '이시스'(Isis)도 아니었다. 히브리 청년을 통해 처음 들은 '하나님'이라는 신이었다. 이집트 왕이 히브리인의 하나님을 알았을 리는 없다. 대흉년을 겪으면서 그가 하나님을 믿고 그분의 백성이 되었다는 기록도 찾아볼 수 없다. 우리는 이집트 왕이 하나님을 믿고 구원받았는지 아닌지는 알지 못한다. 그럼에도 그가 요셉에게 한 말을 보면 적어도 한 가지는 분명하다. 왕이 요셉의 하나님에 대해 듣고 그분을 경외하게 되었다는 사실이다.

7년 대풍년과 이어지는 7년 대흉년을 계획하고 실행에 옮기는 일은 인간이 할 수 없는 일이다. 미래에 일어날 그 일을 꿈을 통해 미리 파라오에게 보여 주는 것 또한 인간은 물론 신화에만 등장하거나 신전에 갇혀 있는 신들에게는 어림없는 일이다. 온 세상을 통치하시는 진짜 신이요 전능자가 아니면 결코 할 수 없는 일이다. 파라오는 이런 사실을 어느 정도 알아차렸다. 그래서 요셉이 믿는 하나님은 지금까지 자기가 믿어 온 신들과는 격이 다른 분임을 깨닫고 그분 앞에서 몸을 낮춘다.

다가올 대흉년을 주관하시는 분이 하나님이시라면 어떤 사람을 총리로 세워 그 재난 대비를 맡겨야 할까? 총리를 발탁하는 일에서 가장 중요한 자격 요건은 '하나님과의 가까운 관계'다. 총리가 될 사람은 그분과 가까운 사람이어야 한다. 그래야 그분의 뜻을 바로 파악하고 일을 제대로 할 수 있다. 누가 하나님과 가까운가? 당연히 요셉이다. 이집트 전국을 다 뒤져 보아도, 아니 온 세상을 다 뒤져 보아도 당시 이 히브리 청년보다 하나님과 더 가까운 사람은 없었기에 파라오는 요셉을 발탁했다.

대체 불가한 사람

창세기는 요셉이 노예가 되어 이집트에 팔려 왔을 때부터 그가 하나님과 특별히 가까운 사람이라는 사실을 반복해 언급한다.

> "그의 주인이 여호와께서 그와 함께하심을 보며 또 여호와께서 그의 범사에 형통하게 하심을 보았더라"(창 39:3).

친위대장 보디발은 하나님 여호와를 전혀 알지 못했음에도 여호와가 요셉과 함께하신다는 사실을 분명히 보았다. 여호와 덕분에 요셉이 형통하며, 요셉 덕분에 자기 집이 형통함을 보았다. 그래서 요셉을 가정 총무로 세우고 자기 재산 관리를 다 맡겼다.

요셉이 누명을 쓰고 감옥에 들어갔을 때도 비슷한 일이 일어났다. 간수장이 요셉을 전적으로 신뢰해 죄수 관리와 감옥 제반 사무를 모두 그에게 맡겼다. 요셉이 일을 잘했기 때문이기도 하지만 하나님이 그와 함께하심을 간수장이 보았기 때문이다.

요셉이 이집트 왕 앞에 섰을 때도 비슷한 일이 일어났다. 그 청년이 하나님과 지극히 가깝다는 사실이 왕의 눈에 보였다. 그래서 신하들에게 이렇게 말했다.

"이와 같이 하나님의 영에 감동된 사람을 우리가 어찌 찾을 수 있으리요"(창 41:38).

하나님의 영에 감동되었으니 이보다 더 하나님과 가까울 수는 없다. 요셉보다 하나님과 더 가까운 사람을 찾는 것은 불가능했다. 그런 의미에서 요셉은 '대체 불가한 존재'였다. 왕은 요셉에게 이렇게 말했다.

"하나님이 이 모든 것을 네게 보이셨으니 너와 같이 명철하고 지혜 있는 자가 없도다"(창 41:39).

요셉의 지혜는 그 근거가 하나님이었기에 이집트인에게서는 찾아볼 수 없는 지혜였다. 파라오는 그 사실을 알았기에 사람을 제대로 선택할 수 있었다.

7년 대흉년이라는 재난을 극복하는 데 가장 중요했던 것은 정책이 아니었고, 이집트의 경제 능력이나 과학기술도 아니었으며, 다만 요셉이라는 인물이었다. 그렇다면 오늘 우리 시대에도 재난을 극복하는 데 가장 중요한 것이 인물이 될 수 있을까? 과연 인물이 한 나라의 정책이나 경제력, 과학기술보다 더 중요한지 살펴보는 일도 매우 의미 깊은 일일 것이다.

재난의 규모는 생각보다 크다

코로나19 팬데믹과 같은 재난을 극복하는 데 제일 중요한 것이 무엇인지 물으면, 어떤 이들은 안전하고 예방 효과가 높은 백신을 만드는 일이라고 대답할 것이고, 다른 이들은 효능이 입증된 치료제를 개발하는 일이 먼저라고 말할 것이다. 그런가 하면 정부가 분별력을 가지고 슬기롭게 보건의료 정책을 세우고 시행하는 일이 더 중요하다고 생각하는 이들도 있을 것이다. 이 세 가지 모두 중요하다. 의학을 비롯한 과학기술이 발전하면 할수록 더욱 강력하고도 안전한 백신과 치료제를 개발할 수 있게 되고, 인류는 팬데믹을 막을 수 있는 든든한 무기를 확보하게 될 것이다. 정부가 의료 인프라를 잘 구축해 나가면서 방역 정책을 지혜롭게 실행해 국경을 닫아야 할 때 닫고 열어야 할 때 열며 모임을 금지해야 할 때 금지하고 허용해야 할 때 허용한다면, 그렇게 하지 못할 때에 비해 훨씬 효과적으로 재난을 극복할 수 있을 것이다.

그런데 문제가 있다. 코로나19가 종식되어도 그것이 재난의 끝이 아니라는 것이다. 과학자들은 또 다른 신종 바이러스가 출현할 것이라고 경고한다. 설상가상으로 자연이 가져오는 재해는 신종 바이러스에 국한되지 않는다. 지구에서 일어나고 있는 환경 파괴는 이미 심각한 상태에 이르렀다. 세계 곳곳에서 발생하는 홍수와 가뭄은 그 규모가 점점 더 커지고, 미세 먼지는 점점 더 자주 발생하고, 수질 오염은 지하수에까지 번지고, 바다에는 플라스틱 쓰레기가 쌓이고 있다.

경제적으로도 세상은 점점 더 불안정해지고 있다. 빈부격차는 갈수록 더 벌어지고, 청년 실업은 사회의 고질병이 되었으며, 나라와 나라가 충돌하고 문명과 문명이 충돌하면서 전쟁과 테러 소식이 끊이질 않는다. 2001년 9월 11일 미국 맨해튼에서 여객기 두 대의 충돌로 무역센터 빌딩이 무너지는 일이 일어났다. 이 사건은 테러가 미국의 심장부에서도 일어날 수 있음을 끔찍한 방법으로 알렸고, 또 그 정도의 큰 규모로 일어날 수 있음도 여실히 보여 주었다. 2015년 11월 프랑스 파리에서는 레스토랑과 바, 공연장 등 여섯 군데서 동시에 테러가 일어났다. 이 사건은 불특정 다수를 향한 '묻지 마' 테러가 얼마나 쉽게 일어나고, 또 얼마나 큰 피해를 입힐 수 있는지 똑똑히 보여 주었다.

2022년 2월 러시아가 우크라이나를 침공했다. 이 전쟁은 전 세계를 혼돈과 불안에 빠뜨리고 경제까지 흔들어 놓았으며, 소련(Soviet Union) 붕괴 이후 자취를 감추었던 '핵전쟁'의 망령을 다시 깨워 일으켰다. 러시아 국영 TV에서 시사 프로그램을 진행하는 블라디미르 솔로비요프(Vladimir Solovyov)는 러시아에서 매우 인기 있는 유명 앵커다. 그런 그가 한 방송에서 "나토(NATO)가 이번 전쟁에서 우크라이나를 계속 지원한다면 대규모 핵 타격이 있을 것"이라고 경고했다. 물론 그의 말이 크렘린의 공식 입장은 아니지만, 그럼에도 〈뉴스위크〉를 비롯한 서방 언론들은 그의 말을 크게 보도하고 이에 대한 분석 기사까지 내놓았다.[19] 이런 긴장된 분위기는 많은 사람으로 하여금 살벌하고 암울했던 냉전 시대를 떠올리게 했다.

지구 종말 시계

냉전을 대표하는 무기는 원자 폭탄이다. 우라늄이나 플루토늄과 같은 방사성 물질에 핵분열 반응을 일으키면 엄청나게 큰 열에너지가 발생한다. 이 반응을 제어하면서 천천히 일으키면 원자력 발전이 되지만, 급격히 일으키면 폭탄이 된다. 핵폭탄은 1945년 히로시마와

나가사키에 처음으로 사용되면서 기존의 폭탄과는 차원이 다른 가공할 파괴력을 보여 주었다. 이후로 미국과 소련은 핵무기 개발 경쟁에 뛰어들었고, 다른 강대국들도 이에 합류하면서 핵전쟁의 위기가 고조되었다. 불과 몇 년 사이에 고성능 핵탄두들이 대거 제조되어 실전에 배치되었다. 핵무기를 사용한 전쟁이 일어난다면 인류 전체가 단시간에 멸망할 가능성이 높아졌다.

이 사실을 가장 먼저 깨닫고 세상에 알린 사람들은 미국의 핵물리학자들이었다. 그들은 누구보다도 원자 폭탄의 위험을 잘 알았기에 이에 대한 경종을 울리기 원했고, 이런 목적으로 고안된 것이 '지구 종말 시계'(Doomsday Clock)다. 이 시계는 핵전쟁의 발발 가능성을 시간으로 보여 준다. 가능성이 높아질수록 자정에 가까워지고, 가능성이 낮아질수록 자정에서 멀어진다. 자정은 핵전쟁이 일어나 인류가 멸망하는 시각이다.

1947년부터 핵물리학자들은 이 시계를 〈핵과학자학회지〉(Bulletin of the Atomic Scientists)의 표지에 싣기 시작했다. 당시 핵물리학은 오늘날 컴퓨터 과학만큼이나 인기 있는 분야였고, 따라서 〈핵과학자학회지〉는 세계적으로 주목받는 학술지가 되고 있었다. 이런 학술지의 표지에 시계가 등장했으니 세계인의 이목을 끌지 않을 수 없었다.

1947년 처음 발표된 지구 종말 시계는 밤 11시 53분을 가리키고 있었고, 섬뜩하리만큼 자정에 가까운 시각이어서 전 세계가 경악했다. 이는 대충 짐작해 정한 것이 아니다. 핵물리학자들이 전 세계 핵무기 보유국들의 동태, 핵무기 협상의 성공과 실패, 그리고 핵무기의 성능 등을 고려해 신중히 산출한 시각이었다. 1991년 소련의 해체와 함께 냉전이 끝나면서 한때 이 시계는 밤 11시 43분으로 후퇴했다.

하지만 1995년부터 다시 전진해 자정에 가까워지고 있다. 핵무기보다 더 큰 위협인 '기후 변화'라는 문제가 생겼기 때문이다. 2022년에 발표된 시계는 밤 11시 58분 20초를 가리키고 있어 자정까지 불과 100초밖에 남지 않았음을 경고하고 있다. 지금까지 발표된 시각 가운데 가장 자정에 가깝다. 이 시계가 의미하는 바를 이해한다면 간담이 서늘해지지 않을 수 없다.

이 시계를 보면서 우리는 종말에 대해 진지하게 생각해 보아야 한다. 과학자들뿐 아니라 성경도 세상의 종말이 다가온다고 말씀하기 때문이다. 하나님이 정하신 때가 되면 이 세상은 끝을 맞이할 것이고, 모든 사람은 각각 그분 앞에 서서 인생을 결산해야 한다. 인생을 어떻게 살았으며 무엇을 추구하고 살았는지 엄중한 평가를 받을 것이다. 세상에서 각종 재난을 다 피하더라도 이 평가를 통과하지 못한다면 그야말로 재앙 중의 재앙이다.

재난 속에서 주목해야 할 인물

우리는 이처럼 크고 엄중한 재난들을 마주하고 있다. 이 두려운 재난들을 피하기 위해 가장 중요한 것이 무엇일까? 나라들은 핵무기가 더 확산되지 않도록 서로 협력해야 하고, 기후 변화를 막기 위해 만든 국제 협약들을 철저히 지키고자 서로 도와야 한다. 또 빈부격차를 줄이고 경제의 균형 있는 발전을 위해 애써야 하고, 개인들은 환경 보호를 위해 각자 자기 자리에서 최선을 다해야 한다. 하지만 이런 방법들은 그 성취가 요원해 그것에 기대고 있을 수도 없고, 성취된다고 해도 완전할 수가 없다. 우리의 능력에 비해 재난이 너무 크고 위협적이기 때문이다. 이런 상황에서 성경은 정책이나 경제력, 기술이나 시스템보다 훨씬 더 근본적이고 확실하며 중요한 것을 말씀하고 있는데, 그것은 바로 예수라는 인물이다.

예수님이 사역하시던 1세기 초, 그분의 제자들은 예루살렘 성전의 웅장함을 보며 감탄을 연발했다. 그들의 말을 듣고 계시던 그분은 느닷없이 예루살렘의 종말에 대해 말씀하셨다. 그로부터 약 40년 후 로마 제국의 디도(Titus) 장군에 의해 일어날 예루살렘 함락과 성전의 파괴를 마치 눈앞에서 보는 것처럼 생생히 묘사하셨다. 이와 동시에 그분은 이 세상의 종말이 다가올 때 일어날 일들에 대해서도 알려 주셨다. 기근과 지진과 전쟁으로 요약되는 재난이 세계 곳곳에서 계속 일어날 것이며, 자기가 그리스도라고 주장하는 이들이 많이 나타나 사람들을 유혹하고 혼란에 빠뜨린다는 것이다.

재난과 혼란만 두고 보면 세상이 어떻게 될지 걱정스럽지만, 그런 중에도 하나님의 선한 계획은 어긋남이 없이 이루어지고 있다. 세상을 경영하시는 분은 하나님이시기에 오늘날 일어나고 있는 재난에도 그분의 선한 뜻이 있다. 그렇다면 과연 어떤 뜻일까? 각 사람에게 두신 뜻이 다르겠지만 모든 사람에게 공통으로 두신 뜻이 있다. 그것은 사람들을 예수님께로 이끌어 그분을 찾고 알고 만나고 따르게 하시는 것이다. 재난도 하나님의 손에 들어가면 우리의 관심을 예수님께로 돌리는 통로가 된다. 예수님도 그런 사실에 대해 직접 언급하셨다. 다가올 종말에 대한 주님의 가르침 가운데 이런 말씀이 있다.

"또 복음이 먼저 만국에 전파되어야 할 것이니라"(막 13:10).

복음의 핵심은 예수 그리스도다. 세계를 경영하시는 하나님의 가장 큰 관심은 그리스도가 만국에 전파되는 것이며, 그로써 잃어버린 영혼들을 구원하는 것이다.

사람이라면 누구나 세상에서 살아가면서 고난을 겪고 재난과 마주한다. 그런데 그런 일들은 우연히 일어나는 것이 아니라 전능자이신 하나님의 섭리 가운데 일어난다. 그분은 그것을 통해 사람들을 예수님께로 이끄신다. 예수 그리스도만이 우리를 최후의 재난에서 건져 내실 수 있는 분이기 때문이다.

이런 점에서 요셉은 그리스도를 닮았다. 7년 대흉년이라는 재난 앞에서 이집트인들이 살아남을 수 있었던 근본적 이유는 기근을 극복하기 위한 정책을 잘 세웠기 때문이 아니다. 통치와 조세를 위한 인프라를 잘 구축했기 때문도 아니다. 물론 국난 극복을 위해 백성이 일치단결했기 때문도 아니다. 그것들은 모두가 지엽적인 이유는 될 수 있지만, 궁극적인 관점에서 보면 요셉이라는 인물 때문이었다. 이집트인들이 한 것은 하나님이 보내 주신 그 인물을 받아들이고 신뢰하고 따른 것뿐이었다. 팬데믹과 환경 파괴, 경제 위기, 전쟁 등 여러 재난에 맞닥뜨린 우리 현대인들은 고대 이집트인들에게서 배워야 한다. 그들이 요셉을 믿고 그의 말을 따랐듯이, 우리는 예수 그리스도를 믿고 그분의 말씀을 따라야 한다. 거기에 구원이 있다.

2부

인류가 직면한 자연재해 직시하기

요셉이 예고한 7년 대흉년은 이집트인들에게 생소한 재난이었다. 그들도 흉년은 경험해 봤겠지만 요셉이 말한 흉년은 차원이 다른 것이었다. 아예 씨를 뿌릴 수도 없고, 곡식 한 톨 거둘 수 없는 백 퍼센트 흉작이 7년간 계속되는 재난이다. 만일 이집트 왕과 신하들이 선입견을 가지고 요셉의 말을 건성으로 들었다면 시큰둥한 반응을 보였을 것이다. '우리가 농사를 한두 해 짓나. 흉년도 벌써 몇 번이나 겪어 보았어. 이번 흉년도 별것 아닐 거야. 갑작스레 나타난 저 히브리 녀석의 도움 없이도 우리 힘으로 잘 할 수 있을 거야.' 이런 식으로 생각했다면 그들은 요셉의 말을 듣지 않았을 것이다. 그리고 제대로 대비하지 못한 채 대흉년에 봉착해 나라 전체가 거덜 났을 것이 자명하다.

다행히 요셉은 다가올 흉년이 얼마나 혹독할지 잘 설명했고, 이집트인들은 이를 알아듣고 진지하게 받아들였다. 그래서 겸손한 자세로 요셉의 지시를 따르며 적절한 대책을 세울 수 있었고, 결과적으로 국가의 존폐 위기를 무사히 넘길 수 있었다.

현대인들은 언론을 통해 환경 문제에 대해 귀가 따갑도록 듣지만 반응은 다양하다. 공감하면서 분리수거에 힘쓰고 일회용품 사용을 자제하려 애쓰는 이들도 있고, 바쁘게 살다 보니 대충 한 귀로 듣고 한 귀로 흘리는 이들도 있다. 재난에 대비하려면 가장 먼저 해야 할 일이 현실을 바로 아는 것이다. 다시 말해, 현재 우리가 마주한 환경 문제가 어느 정도 심각한지 제대로 아는 것이다. 그래야 동기가 부여되고 필요한 행동을 하게 된다. 이번 장에서는 우리가 현재 어떤 자연재해에 처해 있는지 간략히 살펴보자.

5.
얼음이 녹는 게
그리도 심각한 문제일까?

잘 알려진 바와 같이 남극에는 대륙이 있지만 북극에는 없다. 다만 바닷물이 얼어 거대한 '얼음 대륙'을 이루고 있을 뿐인데 이것을 '해빙'(sea ice)이라 부른다. 북극에서 가까운 캐나다 북부 지방이나 그린란드에는 눈이 많이 온다. 오랜 세월 동안 쌓인 눈은 거대한 얼음덩어리가 되어 낮은 곳을 향해 아주 천천히 흘러 내려가는데 이것을 '빙하'(glacier)라 부른다. 그러니까 해빙은 바다에서 만들어지는 얼음이고, 빙하는 육지에서 만들어지는 얼음이다. 그래서 해빙이 녹으면 염수가 되고, 빙하가 녹으면 담수가 된다.

해빙과 빙하는 지구의 건강 상태를 알려 주는 중요한 척도가 되는데, 이 거대한 얼음덩어리들을 관찰함으로써 과학자들은 지구가 건강한지 그렇지 않은지 알 수 있다. 근래에 뉴스에서 자주 듣는 소식은, 해빙과 빙하의 양이 점점 줄어들고 있어 과학자들이 이를 우려한다는 것이다.

덜 추운 겨울은 좋은 일인가?

　내가 살고 있는 캐나다 몬트리올에서 눈이나 얼음 얘기를 하면 그곳의 한국인들은 별로 달가워하지 않는다. 다섯 달이나 계속되는 긴 겨울 동안 눈과 얼음을 지겹도록 보고 그 속에서 살아야 하기 때문이다. 우리 집 마당은 11월부터 간간이 눈으로 덮인다. 늦가을이나 초겨울에 오는 눈은 대개 얇은 담요처럼 살짝 땅을 덮었다 해가 나면 사라진다. 본격적인 눈의 계절은 12월 중순부터 시작된다. 한국에서는 크리스마스 전에 눈이 내리는 일이 별로 없고 크리스마스 당일에도 거의 내리지 않아 화이트 크리스마스가 매우 드물다. 그러나 몬트리올에서는 크리스마스 당일에 눈이 오지 않더라도 그 전에 충분히 내린 눈으로 대지는 이미 하얗게 변해 있다. 내가 캐나다에서 산 지난 20년 동안 화이트 크리스마스가 아닌 적은 딱 한 번밖에 없었다.

　퀘벡주에 눈이 많이 오긴 하지만 매일 오는 건 아니다. 맑은 날이 계속되다 한바탕 눈 폭풍이 몰아치면 금세 20-30센티미터가 쌓인다. 워낙 추운 지방이어서 낮에도 영상으로 기온이 올라가는 날이 드물어 한번 쌓인 눈은 좀처럼 녹지 않는다. 눈 폭풍이 두세 차례 오고 나면 쌓인 눈의 높이가 쉽게 50센티미터를 넘어간다. 차와 사람이 다닐 만큼은 시에서 제설작업을 해주지만 그 외 모든 곳은 겨우내 눈으로 덮인다. 집들의 지붕과 마당도 두꺼운 눈 담요를 뒤집어쓴다. 3월이 되어도 대지는 여전히 눈 담요 아래에 있다. 가볍게 녹았다 얼기를 반복하면서 이 담요는 살짝 잿빛을 띠는데, 이 무렵이면 사람들은 이 담요들이 걷힐 때만을 기다린다. 봄을 기다리는 것이다. 4월 초가 되면 담요의 기세가 어느 정도 꺾이지만 완전히 사라지지는 않는다. 가끔 하늘이 심술을 부려 4월에 눈 폭풍이 오기도 하는데, 그러면 눈 담요는 회춘(?)해 다시 대지를 덮는다. 4월 말이 되어서야 마침내 이 담요는 자취를 감추고 대지는 초록빛 옷으로 갈아입기 시작한다.

몇 년 전 3월 초쯤으로 기억한다. 집 앞마당에 쌓인 눈이 녹았다 얼기를 반복하더니 작은 스케이트장(?)이 만들어졌다. 그대로 두면 출입하는 사람이 미끄러져 넘어질 수도 있을 것 같아 무슨 조치를 취해야 했다. 제설용 소금을 뿌렸으나 별 효과가 없어, 얼음 깨는 삽을 들고 나가 연신 땅을 찍기 시작했다. 마침 옆집 퀘벡인 할아버지도 마당의 얼음을 걷어내고 있기에 내가 툴툴거리며 말했다. "몬트리올의 겨울은 너무 길어요. 눈도 엄청 많이 오고. 눈 치우고 얼음 깨는 게 이젠 지겹네요. 도대체 봄은 왜 이렇게 더디 오는 거지요?" 할아버지는 씩 웃으시더니 자신이 어렸을 적에는 지금보다 더 춥고 눈도 훨씬 더 많이 왔다며 요즘 겨울은 겨울 같지 않다고 오히려 걱정하셨다.

그의 말은 사실이다. 2019년 국영 방송인 CBC는 캐나다 전국의 기후가 어떻게 변하고 있는지 조사해 보도했는데, 이에 따르면 지난 150년 동안 겨울 평균 기온이 섭씨 1.8도 상승했다.[20] 이 1.8도가 아무것도 아닌 것 같은데 실은 그렇지 않다. 강설량을 보아도 알 수 있다. 예를 들어, 1940년대 몬트리올의 연평균 강설량은 243센티미터였는데 2010년대에는 200센티미터. 70년 만에 18%가 줄어든 것이다. 눈을 치워야 하는 몬트리올 주민의 입장에서는 70년 만에 43센티미터가 줄어든 것이 반가운 소식이지만, 지구의 건강 측면에서는 이는 반갑지 않은 소식이요 적신호다.

1도 차이에 반토막 난 개체수

지금 북극에서 일어나고 있는 일들은 지구가 아프다는 사실을 말해 준다. 먼저 그 지역에서 가장 덩치가 큰 동물인 북극곰이 당하고 있는 시련에 대해 알아보자. 이 흰곰들은 현재 멸종 위기에 처해 있다. 그들의 주된 먹이는 바다표범인데, 물범으로도 불리는 이 포유류는 해빙 속에 집을 만들어 새끼를 키우고, 해빙에 구멍을 뚫어 바닷속으로 들어가 물고기를 잡아먹는다. 북극곰은 해빙 위를 돌아다니며 바다표범을 사냥해 먹고사는데, 지난 50년 동안 해빙의 면적이 50%가량 줄어들었다. 따라서 곰이 사냥할 수 있는 면적이 절반으로 줄어들었고, 그 결과 북극곰의 숫자는 심각하게 감소하고 있다. 알래스카 북쪽에서 캐나다 북쪽으로 이어지는 바다인 보퍼트해(Beaufort Sea)의 경우 10년 만에 40%의 곰이 사라졌다. 2001년에는 약 1,500마리가 살았는데 2010년에는 900마리로 줄어든 것이다.[21] 먹이를 구하지 못하는 흰곰들이 마을로 내려와 쓰레기통을 뒤지는 모습을 보는 것은 이제 흔한 일이 되었다.

캐나다인들은 북극곰에 남다른 애착을 가지고 있다. 전 세계 북극곰의 65-80%가 캐나다 영토에 살고 있다. 지난 2020년 캐나다인들에게 가슴 아픈 소식 하나가 국제학술지 〈네이처 클라이미트 체인지〉(Nature Climate Change)에 실렸다. 토론토대학 연구팀이 북극곰의 개체수가 앞으로 어떻게 변할지 예측한 논문인데, 이에 따르면 이 흰곰들은 '개체수 절벽'을 넘지 못하고 계속 줄어들다 2100년 무렵에는 멸종 단계에 이를 것이라고 한다.[22]

북극곰이 멸종 위기에 처했다는 것은 암울한 소식이다. 많은 과학자가 이것을 지구 전체에 다가온 거대한 위기를 알리는 경종으로 여긴다. 그러나 우리는 이 사람들이 좀 과민한 것은 아닐까 생각할 수도 있고, 북극곰들의 사정이 딱한 것은 맞지만 북극과는 멀리 떨어진 온대지방에 살고 있는 우리와는 별로 상관없는 일처럼 느끼기도 한다.

그런데 해빙이 왜 줄어들까? 지구가 더워지고 있기 때문이다. 더 정확히 말하면 지구 표면의 평균 온도가 상승하고 있기 때문이다. 이 현상을 일컫는 말이 '지구 온난화'다. 오랜 옛날부터 지표의 평균 온도는 항상 섭씨 14도였고 거의 변하지 않았다. 열대 지방에서는 기온이 40-50도까지 올라가고, 한대 지방에서는 영하 30-40도까지 떨어지지만, 평균을 내면 14도였다는 뜻이다. 그런데 18세기에 산업혁명이 일어나면서부터 이 온도가 슬며시 올라가기 시작해, 처음에는 미세하게 상승하더니 1980년부터는 급격히 올라가고 있다. 2016년에는 15.02도까지 올라가 최고점을 찍었고, 2018년에는 14.85도로 내려와 잠시 숨을 고르더니 2021년에 다시 15.02도로 올라갔다.[23] 간략히 말해, 오늘날 지표의 온도는 정상 온도인 14도에 비해 1도가량 높아졌다.

이 1도 차이가 아무것도 아닌 것 같지만, 이 작은 변화가 심각한 문제를 일으키고 있다. 1도 높아진 온도 때문에 해빙과 빙하가 녹아내리는 것이다. 둘 다 거대한 얼음덩어리지만 이것들이 녹을 때 일어나는 문제는 각각 다르다.

빙하가 녹으면 무슨 일이 일어날까?

빙하가 녹는 현상은 알프스, 히말라야, 로키산맥 등 고산 지대에서 쉽게 관찰된다. 1919년에 알프스산맥의 최고봉인 몽블랑(Mont Blanc)을 찍은 항공 사진이 있는데, 100년이 흐른 2019년에 영국의 던디대학교(Univ. of Dundee) 연구팀이 정확히 같은 위치에서 몽블랑을 찍어 두 사진을 나란히 놓고 비교했다. 100년 사이에 몽블랑의 빙하는 충격적일 정도로 많이 줄어들었다.[24] 지금과 같은 속도로 줄어들면 2100년에는 알프스 빙하의 약 70%가 사라질 것이라고 한다.[25] 빙하가 줄어들면 알프스 일대에 사는 주민들의 식수 공급에 차질이 생기고 수력 발전도 심각한 타격을 입는다.

2021년 프랑스 툴루즈대학교(Toulouse University) 연구팀은 미항공우주국(NASA)의 인공위성 사진을 이용해 빙하가 얼마나 빠른 속도로 녹고 있는지 조사했고, 그 결과를 국제학술지 〈네이처〉에 발표했다. 그린란드와 북극 근처의 빙하들, 남극 대륙의 빙하들, 고산 지대의 빙하들이 모두 조사에 포함되었다. 2000년부터 2019년까지 데이터를 분석한 끝에 얻은 결론은 생각보다 심각했다. 이 기간 동안 매년 약 2,670억 톤의 빙하가 녹아 사라졌는데, 이는 한국 땅 전체를 2.5미터의 두께로 덮을 수 있는 양이다. 해마다 이렇게 많은 얼음이 녹아 없어진 것이다. 더 걱정스러운 것은 빙하가 녹는 속도가 매년 증가하고 있다는 사실이다.[26]

이렇게 빙하가 녹으면 그 물은 결국 바다로 들어간다. 빙하가 많이 녹으면 녹을수록 바다로 유입되는 물은 더욱 불어나고, 결과적으로 해수면은 점점 더 높아진다. 만일 지구상에 있는 모든 빙하가 녹는다면 해수면이 얼마나 상승할까? 미항공우주국이 추정한 바에 따르면 60미터나 상승한다.[27] 사실 바다의 높이가 2-3미터만 상승해도 해안에 있는 도시들은 심각한 피해를 입는다. 해운대 앞바다가 지금보다 3미터 더 높아지면 무슨 일이 일어날까? 백사장은 모두 물에 잠기고, 해안 도로도 침수되고, 해안에 늘어선 건물들은 바닷물에 잠식될 것이다. 해수면이 10미터 상승하면 무슨 일이 일어날까? 영화 〈해운대〉(2009)에서 일어난 대재앙을 현실에서 보게 될 것이다.

2019년 10월 CNN은 "상승하는 해수면이 수억 명의 사람을 위협하고 있다. 상황은 우리가 생각하는 것보다 훨씬 심각하다"라는 내용의 뉴스를 방송했다. 이 방송에서 전문가들은 현재와 같은 속도로 해수면이 상승하면 2050년에는 3억 명의 사람이 대형 홍수를 만날 위기에 처할 것이며, 2100년에는 2억 명의 사람이 살고 있는 땅이 바다로 변할 것이라고 경고한다.[28] 뉴욕, LA, 런던, 밴쿠버, 부산, 인천과 같은 도시들이 심각한 침수 피해를 입거나 바닷물로 덮일 것이라는 경고다.

해빙이 녹으면 무슨 일이 일어날까?

북반구 바다의 약 5% 그리고 남반구 바다의 약 8%를 해빙이 덮고 있다. 물론 이 얼음판들은 극지방에 몰려 있다. 겨울에는 해빙의 면적이 늘어나고 여름에는 줄어든다. 1970년대까지만 해도 겨울철에는 해빙이 북극해 전체를 빈틈없이 덮은 것은 물론이고, 대서양 쪽으로도 그 세력을 확장해 그린란드를 휘감고 캐나다 동부 해안선을 타고 내려오다 세인트로렌스 만에서 멈추었다. 해빙은 태평양 쪽으로도 뻗어나가 베링 해협과 캄차카반도를 따라 내려오다 홋카이도 북부에서 정지했다.

그린란드의 원주민인 이누이트(Inuit)족은 예로부터 해빙의 덕을 톡톡히 보며 살아왔다. 겨울이 되어 바다가 얼면 개 썰매를 타고 해빙 위를 돌아다니며 바다표범을 사냥했고, 이렇게 얻은 가죽과 고기는 생계에 큰 도움이 되었다. 그런데 근래에 와서 해빙의 면적이 해가 다르게 줄어들면서 바다표범 사냥이 점점 어려워지고 있다. 11월이면 단단하게 얼어붙었던 바다가 이제 12월이 되어야 겨우 언다. 과거에는 해빙의 면적이 무척 넓어 개 썰매로 해빙 위를 온종일 달려가야 겨우 가장자리에 도달해 얼지 않은 바닷물을 볼 수 있었다. 하지만 이제는 30분만 달려도 얼음이 끝나고 바닷물이 나타나기 때문에 무척 조심해야 한다.[29]

미항공우주국은 1979년부터 인공위성에서 북극해의 해빙을 촬영하기 시작했고, 2022년까지 매년 그 면적의 변화를 면밀히 조사하고 분석했다. 이에 따르면 북극해의 해빙은 십 년마다 13%가량 감소하고 있다. 2022년에 해빙의 면적은 1979년에 비해 40% 가까이 줄어들었다.[30] 해빙은 빙하와는 달리 바다에 떠 있는 얼음덩어리다. 따라서 해빙이 녹는다고 해수면의 높이가 유의미하게 달라지지는 않는다. 하지만 다른 문제가 발생한다. 이 얼음덩어리가 녹으면 바닷물의 온도가 비정상적으로 상승한다. 이것이 왜 심각한 문제인지 이해하기 위해서는 약간의 보충 설명이 필요하다.

북극 바다도 햇볕을 받는다. 태양빛은 강력한 에너지이므로 햇볕이 비치면 무엇이든 데워지고 온도가 올라간다. 땅에 비치면 땅이 데워지고 물에 비치면 물이 데워진다. 하지만 얼음은 다르다. 얼음은 물의 결정(crystal)이기 때문에 비치는 태양빛을 대부분 반사해 아무리 햇볕을 많이 받아도 거의 데워지지 않는다. 1970년대까지는 북극해가 대부분 해빙으로 덮여 있었기 때문에 햇볕을 받아도 바닷물의 온도가 올라가지 않았다. 해빙이라는 강력한 반사판의 역할이 그렇게 컸다. 그러나 해빙은 빠른 속도로 줄어들었고, 반사판이 없으니 태양빛은 물에 직접 비친다. 바닷물은 태양빛의 고작 6%만 반사하고 나머지 94%를 흡수하므로 북극해 바닷물의 온도가 계속 상승하고 있다.[31]

바닷물의 온도가 올라가면 올라갈수록 증발하는 수증기의 양이 많아지고, 지나치게 많은 구름이 만들어진다. 이렇게 과다하게 생성된 구름은 순순히 사라지지 않고 평소보다 훨씬 큰 비가 되어 돌아오거나, 태풍이나 허리케인의 덩치를 비정상적으로 크게 키우는 데 결정적인 도움을 준다. 다시 말해, '기후 변화'를 일으키는 것이다.

얼음이 녹으면 해류도 괴롭다

북극의 빙하와 해빙이 녹아내리면서 발생하는 또 하나의 심각한 문제는 해류에 혼란이 온다는 것이다. 북극의 차가운 물은 해류를 따라 적도 쪽으로 흐르며, 적도의 따뜻한 물은 다른 해류를 따라 북극 쪽으로 흐른다. 덕분에 찬물과 더운물이 적절하게 섞이고, 북극 쪽은 추워져도 지나치게 추워지지 않고, 적도 쪽은 더워져도 지나치게 더워지지 않는다. 이 해류를 '대서양 컨베이어 벨트'(Atlantic conveyor belt)라 부르는데, 이 벨트가 정상적으로 돌아갈 때 지구의 기후는 균형을 이룬다. 수천 년 전부터 20세기 말까지 이 벨트는 문제없이 돌아갔다.

그런데 근래에 와서 문제가 생겼다. 2018년 국제학술지 〈네이처〉에 발표된 논문에 따르면 이 컨베이어 벨트의 속도가 느려진 것이다. 해양학자들이 조사해 보니 이 해류의 속도가 1992년 이후로 15%가량 느려졌다.[32] 원인은 너무 많은 빙하와 해빙이 녹아 북극 바다로 흘러 들어갔기 때문이다. 해류의 속도가 느려지면 북극 쪽의 차가운 물이 제때 적도 쪽으로 내려오지 못하고, 적도 쪽의 따뜻한 물도 제때 북극 쪽으로 올라가지 못한다. 그 결과, 유럽과 북미의 기후에 혼란이 일어나고 있다. 근래에 유럽을 괴롭힌 폭염의 주된 원인도 바로 이 느려진 해류 때문이다.

우리 가족이 프랑스에 살던 1990년대만 해도 여름에도 긴팔 옷을 입을 만큼 서늘한 날이 많았다. 에어컨을 장착한 차가 드물었고, 에어컨이 설치된 건물은 거의 없었다. 이런 환경에서 살던 사람들이 갑자기 찾아온 폭염에 큰 피해를 당했다. 2003년에는 500년 만에 닥친 폭염으로 유럽에서 35,000명이 사망했다.[33] 2019년 6월 말에도 프랑스의 기온이 섭씨 45.9도까지 올라가면서 사상 최고 기록을 세웠고 사망자가 속출했다.[34] 기후 변화로 유럽의 폭염은 이제 더 자주 발생하고 기간도 길어지고 있다.

영화를 닮아가는 현실

해류에 큰 변화가 생기면 대기의 흐름, 곧 기류에도 큰 변화가 따라온다. 기류의 변화는 비정상적으로 강한 더위뿐 아니라 비정상적으로 강한 추위도 가져올 수 있다. 이러한 과학적인 사실을 바탕으로 만들어진 영화가 2004년에 개봉한 〈투모로우〉(The Day After Tomorrow)다. 북극과 남극의 빙하가 녹고 해류가 급격히 달라지면서 북반구 전체에 북극과 같은 추위가 찾아오고 전 인류가 위기에 처한다는 내용이다. 영화는 흥행에 성공했고, 기후 변화를 막지 못하면 인류에게 재앙이 찾아올 것이라는 경고를 남겼다. 영화이기에 과

장된 것이 많지만, 18년이 지나 다시 보니 우리의 현실이 점점 더 영화를 닮아가는 것 같아 섬뜩하다.

기류에 비정상적인 변화가 생기면 어떤 일이 일어나는지 좀더 쉽게 설명하기 위해 일례를 들어 본다. 캐나다 땅의 끝자락은 북극에 거의 닿아 있고, 그곳을 덮고 있는 공기는 얼음같이 차다. 이 거대한 공기덩어리는 여름에는 북극 지역에 머물지만 겨울이 되면 세력을 확장해 남쪽으로 내려온다. 당연히 강추위가 동반되고 토론토, 오타와, 몬트리올과 같은 도시들의 기온이 쉽게 영하 15-20도 이하로 떨어진다. 이 차가운 공기덩어리는 국경을 넘어 미국 북부 지방까지 영향을 미친다. 하지만 덩치 큰 따뜻한 공기덩어리가 막고 있어 더는 내려가지는 못한다. 그런데 최근에 대기의 흐름에 균형이 깨지면서 이변이 일어나고 있다. 2021년 2월 북극의 차가운 공기는 텍사스까지 남하했고, 평소에는 얼음도 잘 얼지 않던 그 지역의 기온이 섭씨 영하 18도까지 떨어졌다. 15센티미터에 달하는 눈까지 내리자 주 정부는 비상사태를 선포했다.[35]

지난 25년 동안 지구에는 사스, 메르스, 신종 플루, 코로나19를 비롯해 약 30종의 신종 바이러스가 나타났고 인류는 막대한 피해를 입었다. 왜 이런 무서운 바이러스들이 과거에는 거의 없다 최근에 갑자기 출현할까? 학자들은 그 주원인이 높아진 기온 때문이라고 말한다. 바이러스 면역학자인 신의철 교수의 책 《보이지 않는 침입자들의 세계》에 이런 사실이 잘 설명되어 있다.[36] 중국 남부와 인도차이나반도에서 이전에 관목 지대였던 곳들이 박쥐들이 서식하기 좋은 초원 지대와 낙엽수림으로 변했다고 한다. 지구 온난화가 초래한 변화인데, 그 결과 박쥐의 종(species) 수도 늘었고 박쥐에 붙어사는 바이러스의 종 수도 늘어났다. 그중 하나가 코로나19 바이러스이고, 이것이 천산갑을 통해 인간에게 옮겨온 것이 거의 확실하다. 이처럼 지구 온난화는 코로나19 바이러스의 출현과 밀접한 관련이 있다.

지난 40여 년 동안 지구 표면 온도가 1도 높아진 것이 크고 엄청난 난제를 인류 앞에 던져 놓았다. 이 1도가 이상 기후와 환경 파괴를 야기하고 심지어 신종 바이러스의 출현까지 부추기고 있는 것이다.

6.
오르는 온도를
어떻게 막을 것인가?

이사야 40장 26절은 이렇게 말씀한다.

"너희는 눈을 높이 들어 누가 이 모든 것을 창조하였나 보라 주께서는 수효대로 만상을 이끌어 내시고 그들의 모든 이름을 부르시나니 그의 권세가 크고 그의 능력이 강하므로 하나도 빠짐이 없느니라."

이 구절을 통해서도 알 수 있듯이 창조주 하나님은 대단히 정교하고 치밀하게 우주를 설계하시고 창조하셨다. 지구의 평균 온도를 생명체가 살기에 알맞은 14도가 되게 하시고, 이 온도가 유지될 수 있도록 질서를 세우셨다. 그런데 사람들이 이 질서를 파괴했기에 온도가 단 1도 달라졌는데도 이렇게 심각한 자연재해들이 발생하고 있는 것이다.

지구 온난화의 주범

그러면 왜 지구 표면의 평균 온도가 상승할까? 공기 중 온실가스(greenhouse gases)의 양이 증가하고 있기 때문이다. 그렇다고 온실가스가 지구 온난화의 주범이라고 단정하면 온실가스는 억울하다. 온실가스는 본래 좋은 것이어서 꼭 필요하고 유익한 기능을 한다. 식물을 키우는 온실을 생각해 보면 쉽게 이해가 된다. 온실 내부는 바깥보다 온도가 높다. 그렇게 온실의 온도를 올려 주는 것은 유리다. 이 재료는 투명해 태양빛을 통과시켜 온실 내부로 들어가게 하고, 얇지만 열을 가두어 밖으로 빠져나가는 것을 지연시킨다.

우주 공간은 극도로 추워 온도가 영하 270도까지 떨어진다. 이렇게 차가운 공간에 지구가 떠 있기에 햇볕이 지구를 데워 주는 데도 차디찬 우주에 열기를 쉽게 빼앗긴다. 다행히 대기 중에는 열이 지구 밖으로 빠져나가는 것을 막아 주는 기체들이 있는데, 대표적인 것이 이산화탄소(CO_2)다. 이 신통한 기체 덕분에 지구는 거대한 온실이 된다. 태양빛이 지구를 데우고 이렇게 발생한 열을 이산화탄소가 붙들어 두기 때문에 지표의 평균 기온이 14도로 유지되는데, 신기하게도 이 온도는 생명체가 번성하기에 매우 적절한 온도다. 이산화탄소는 온실의 유리 역할을 한다고 해서 '온실가스'라 불린다. 온실가스가 없다면 지표의 평균 기온은 영하 18도로 떨어질 것으로 예측된다.[37] 그런 환경에서 살아남을 수 있는 생명체는 거의 없을 것이다.

이산화탄소는 온실의 유리 역할을 하므로 그 양이 중요하다. 너무 적으면 유리가 얇아지는 셈이니 지구라는 온실의 온도는 14도 아래로 내려갈 것이다. 반면 이산화탄소가 너무 많으면 유리가 두꺼워지는 셈이니 온실의 온도는 14도 이상으로 올라갈 것이다. 미국 국립 해양대기청이 제공하는 자료를 보면, 산업혁명 이전까지 거의 6천 년 동안 대기 중에 있는 이산화탄소의 농도는 0.028%(280피피엠) 부근에서 일정하게 유지되었다. 동물이 호흡하면서 이산화탄소를 배출하지만 식물이 광합성을 하면서 이를 흡수하기 때문에 균형이 잘 유지되었던 것이다. 그런데 산업혁명 이후로 이 온실가스의 농도가 서서히 증가하더니 1960년부터는 가파른 상승 곡선을 그리고 있다. 2022년 수치는 0.042%(420피피엠)를 넘어섰는데, 이는 산업혁명 이전에 비해 무려 50% 이상 증가한 것이다.[38]

온실가스가 근래에 와서 갑작스럽게 증가하는 이유는 석유나 석탄 같은 화석 연료의 사용이 급격히 늘어났기 때문이다. 자동차, 공장, 발전소가 석유와 석탄을 태우면서 엄청난 양의 이산화탄소를 배출하고 있다. 축산업 또한 심각하게 많은 양의 온실가스를 배출한다. 대기 중 온실가스의 양이 증가하는 것은 곧 온실의 유리가 점점 더 두꺼워지는 것을 의미한다. 그러니 지구라는 온실의 온도는 기준치 이상으로 올라갈 수밖에 없다.

알고도 못 지키는 사람들

지구 온난화와 이상 기후로 지구의 환경이 파괴되는 것을 막기 위해 최우선적으로 해야 할 일은 온실가스의 배출량을 줄이는 것이다. 이를 위해 지난 2015년 프랑스 파리에서 195개국 대표들이 모여 협약을 체결했는데 이를 '파리기후협약'(Paris Agreement)이라 부른다. 이 협약에 서명함으로써 인류는 온실가스 배출을 줄이겠다고 약속하고 공표했고, 이 약속은 이제 국제법으로서 효력을 지닌다. 그럼에도 이 협약은 제대로 지켜지지 않고 있다. 도널드 트럼프 전 미국 대통령은 파리기후협약이 미국 경제에 큰 부담이 된다며 탈퇴했다. 이것이 온실가스 배출 규모 세계 2위인 미국이 한 행동이다. 다행히 조 바이든 정부가 집권하면서 이 협약에 재가입했지만, 정권이 바뀌면 또 탈퇴할지도 모르기 때문에 신뢰하기는 어렵다.

2019년 11월 5일 세계 153개국 과학자 11,258명은 〈바이오사이언스〉(BioScience)라는 국제학술지에 공동 성명을 발표했다. 그들은 분명한 과학적 데이터에 근거해 지구가 비상사태에 직면해 있음을 선언했는데 그 내용을 요약하면 이렇다.

> 그동안 국제 사회가 환경 파괴를 막고자 여러 가지 협약을 했지만 지켜지지 않았습니다. 온실가스 배출은 여전히 빠르게 증가하고 있습니다. 이대로 가면 20년 후에는 지구 평균 온도가 15.5도까지 올라갈 것입니다. 그런 상황이 벌어진다면 환경 파괴는 걷잡을 수 없이 빠르게 진행될 것입니다. 그때는 인간의 노력으로는 지구 환경을 통제하지 못하게 될 것입니다.[39]

이것이 세계적인 전문가 집단이 공동으로 내린 결론이다. 암이 발병해도 초기에 적절한 치료를 하면 회복이 가능하다. 뚜렷한 증세가 있음에도 이런저런 핑계로 검사와 치료를 미룬다면 '치료 가능 시기'를 넘기게 되고, 그때 가서는 백방으로 손을 써봐야 너무 늦을 것이다. 지구는 현재 일종의 암에 걸려 있고, 11,258명의 과학자들이 산출한 치료 가능 시기는 2039년까지다. 시간이 얼마 남지 않았다.

욕심이 잉태한즉 이산화탄소를 낳고

전 세계에서 화석 연료 사용으로 인한 이산화탄소의 배출량은 지난 2009년에 305억 톤이었다. 이 양은 계속 증가해 2019년에는 361억 톤으로 늘어났다. 10년 만에 18.3%가 늘어난 것이다. 2020년에는 별안간 이 수치가 342억 톤으로 줄었다. 1년 사이에 무려 5.3%나 떨어졌다. 이런 급격한 감소는 역사상 처음 일어난 일이다. 코로나19로 재택근무가 시작되고, 여행이 금지되고, 공장들이 멈추면서 이산화탄소 배출이 급감했던 것이다. 이런 추세로 감소가 계속된다면 10년 안에 온실가스 문제는 해결되고 지구 환경은 기사회생할 것으로 보였다. 그러나 이런 기대는 바로 다음 해에 무참히 깨지고 말았다. 2021년에 이 수치는 다시 급상승해 363억 톤을 배출하면서 최고 기록을 경신했다.[40]

이대로 가면 지구가 점점 더 파괴되고 가까운 미래에 멸망이 온다는 것을 알면서도 사람들은 왜 온실가스 배출을 줄이지 못할까? 그렇게 하려면 비용이 많이 들기 때문이다. 화석 연료 소비를 줄이는 한 가지 확실한 방법은 휘발유에 높은 세금을 부과하는 것이다. 예를 들어, 휘발유 1리터당 1달러 상당의 탄소세(carbon tax)를 부과하면 자가용 자동차 사용이 줄어들고 대중교통 이용이 크게 늘어나면서 탄소 배출량을 상당히 줄일 수 있을 것이다. 하지만 각국 정부들이 국민의 반발을 무릅쓰고 이런 정책을 시행할 가능성은 매우 낮아 보인다.

이산화탄소 다음으로 중요한 온실가스는 메탄인데 이 가스를 발생시키는 주범은 축산업이다. 소가 사료를 먹고 소화하는 과정에서 배출하는 트림과 방귀를 통해 다량의 메탄이 발생한다. 캐나다의 경우 온실가스의 10%가 축산업에서 발생한다.[41] 가볍게 여길 수 없는 비율이지만 메탄을 줄이고자 축산업을 축소하는 것은 어려운 일이다. "지구를 위해 우리 모두 채식주의자가 됩시다"라는 캠페인을 할 수도 없고, 농장을 줄이라고 하면 거대한 축산 기업들이 거세게 반발할 것이다. 농장 숫자를 줄인다 해도 그다음 어려운 문제가 기다리고 있다. 고기와 달걀과 우유의 공급이 줄어들면 가격이 오르고, 이는 국민 경제에 큰 타격을 줄 것이다. 이처럼 온실가스를 줄이기 위해서는 지구에 사는 모든 사람이 상당한 손해와 불편을 감내해야 한다. 문제는 이런 손해와 불편을 받아들일 준비가 된 나라와 국민이 아직 극소수에 불과하다는 것이다.

이솝 우화에 다음과 같은 이야기가 있다. 꿀단지가 엎어지자 파리들이 날아들어 정신없이 달콤한 꿀을 빨아댔다. 하지만 꿀을 다 먹은 파리들은 그새 다리가 바닥에 붙어 날아갈 수 없다는 것을 알게 되었고, 곧 이렇게 한탄했다. "아, 정말 어리석구나. 조그만 쾌락을 누리려고 목숨을 버리다니." 어떤 면에서 인류가 현재 처해 있는 상황은 이 파리들의 처지와 비슷하다.

"욕심이 잉태한즉 죄를 낳고 죄가 장성한즉 사망을 낳느니라."

야고보서 1장 15절의 이 말씀이 현재 인류가 처한 상황을 잘 묘사하고 있는 것 같다. 이대로 가면 우리의 다음 세대들은 훨씬 더 악화한 지구 환경으로 인해 지금보다 더 큰 고통을 당할 것이다. 그럼에도 대부분의 사람은 환경보다 눈앞의 이익을 더 중요하게 생각한다.

환경 문제의 뿌리

지구 환경이 파괴되고 있는 근본 원인이 무엇일까? 정치가들의 능력이 부족하기 때문일 수도 있고, 돈에 대한 사람들의 욕심이 너무 강하기 때문일 수도 있다. 또 인류가 가진 과학 지식이 아직은 부족하기 때문일 수도 있다. 그러나 이런 것들은 부분적인 원인은 될 수 있지만 근본 원인은 아니다. 근본 원인은 따로 있다. 그것은 인류가 하나님을 떠났기 때문이다. 오늘날 소수의 그리스도인을 제외하면 대다수의 사람이 그분을 믿지 않는다. 사람들은 자신들의 힘으로 더 나은 세상을 만들 수 있다고 생각한다. 실제로 과학기술은 대단히 발전했고, 세계의 경제도 크게 성장했다. 그러나 인류 역사에 일찍이 없었던 무서운 환경 파괴가 일어나고 있다.

태초에 하나님은 아름답고 조화로운 생명으로 가득한 지구를 창조하신 후 이를 인류에게 맡기셨다. 그분을 존경하고 사랑할 때 인류는 청지기로서 그 책임을 지혜롭게 감당할 수 있었다. 그런데 안타깝게도 인류는 하나님을 버리고 타락의 늪에 빠졌다. 그 결과, 탐심을 이기지 못하게 되었고, 그분이 선물하신 보배로운 자연을 마구잡이로 사용해 망치고 있다.

지구 환경 파괴를 막기 위해 우리는 최선을 다해 우리가 할 수 있는 일을 해야 한다. 플라스틱 사용을 줄이고, 에너지를 절약하며, 온실가스 배출을 줄이기 위해 애써야 한다. 하지만 더 중요한 것이 있다. 그것은 우리가 하나님께로 돌아가는 것이다. 그분을 존중하고 따르는 것이다. 그때 비로소 우리는 근시안적인 욕심을 내려놓고 자연을 슬기롭게 관리하게 될 것이다.

3부

땅과 사람을 함께 회복시키는 요셉

요셉의 말대로 일곱 해 흉년이 시작되었다. 이집트를 비롯해 고대 근동 지역에 닥친 심각한 기근이었다. 식량이 고갈되었고 사람들은 굶주려 죽게 되었다. 총리의 명령에 따라 이집트 정부는 비축해 두었던 곡물을 꺼내 팔기 시작한다. 자국 백성은 물론이고 주변의 여러 나라 사람들도 곡식을 사려고 이집트로 몰려들었다.

가나안 땅에도 기근이 심했다. 야곱의 아들들은 이미 장성했고 결혼해 자녀를 두고 있었다. 모두 합해 70명쯤 되는 대가족, 이들이 모두 굶어 죽을 위기에 처한 것이다. 야곱은 열 명의 아들에게 이렇게 말한다.

"내가 들은즉 저 애굽에 곡식이 있다 하니 너희는 그리로 가서 거기서 우리를 위하여 사오라 그러면 우리가 살고 죽지 아니하리라"
(창 42:2).

열 아들은 나귀를 몰고 이집트로 갔고, 거기서 영화의 한 장면 같은 일이 일어난다. 곡물 판매의 총책임자는 이집트 총리인데, 그가 바로 요셉인 것이다. 이런 사실을 꿈에도 모르는 형들은 그 앞에서 엎드려 절했다. 공손하게 굴어야 금싸라기같이 귀한 곡식을 살 수 있기 때문이다.

'7년 대풍년에 이은 7년 대흉년' 사건은 성경에서 무려 일곱 장(창 41-47장)에 걸쳐 자세하게 서술되어 있다. 이 사건이 얼마나 중요하게 다루어지고 있는지 짐작할 수 있다. 일곱 해 흉년은 무섭고도 긴 재난이었다. 추수는커녕 밭갈이도 할 수 없었다. 땅이 극도로 황폐해지고 굳어져 쟁기가 흙에 들어가지도 않을 정도였다(창 45:6). 밭을 갈 수 없으니 씨를 뿌리지도 못했다는 얘기다. 이런 땅은 경작할 수 없기에 죽은 땅이다.

땅이 죽으면 거기에 사는 사람들도 함께 소멸하거나 뿔뿔이 흩어지게 된다. 인류 역사에서는 이런 일들이 간혹 일어났는데, 그 대표적인 예가 고전 마야(Classic Maya) 문명이다. 중남미에서 큰 번영을 이루었던 고전 마야인들은 AD 900년 무렵 인구가 급격히 줄어들어 자취를 감추고 만다. 원인이 무엇이었는지 정확히 밝혀진 바는 없지만, 다수의 학자가 농지가 황폐해진 것이 주요 원인이었을 것으로 본다. 사람들이 도시에 모여 살면서 점차 인구가 증가했고 더 많은 식량이 필요했다. 한정된 땅에서 더 많은 식량을 생산하고자 농지를 남용하게 되면서 그런 비극이 찾아온 것으로 짐작된다.[42]

비단 마야 문명만이 아니다. 인류 역사에서 보면 많은 문명과 나라들이 땅을 함부로 사용해 피폐하게 만들었고, 이로 인해 비싼 대가를 지불했으며, 지금도 지불하고 있다.

7.
더 많은 수확을 얻고자 한
도전이 불러온 불청객

　농사를 잘 지어 양질의 농산물을 생산하는 것은 사람의 건강과 직결되어 있다. 농작물이 제대로 자라기 위해서는 토양의 '질'이 중요하다. 우리 집에서 가까운 공원이나 들판에 나가 보면 대부분의 땅이 각종 풀로 덮여 있다. 땅을 조금 파보면 풀뿌리들이 두꺼운 카펫처럼 흙 속으로 뻗어 있는데 이것이 건강한 토양이다. 촘촘하게 난 풀뿌리들이 흙을 붙잡고 있어서 이런 땅에는 비가 와도 흙이 씻겨 떠내려가지 않는다. 이 풀뿌리 카펫은 상당히 많은 물을 흡수해 보관하다 비가 오지 않을 때 조금씩 내준다. 덕분에 거기 뿌리를 내리고 있는 식물들은 웬만한 가뭄이 와도 거뜬히 견딘다. 햇볕이 강하게 내리쬐어도 땅은 좀처럼 마르지 않는데, 이 또한 땅을 두껍게 덮고 있는 풀뿌리 카펫 덕분이다. 이런 토양에는 헤아릴 수 없을 정도로 많은 생명체가 산다. 육안으로는 보이지 않는 미생물(microbe)부터 흔히 보이는 지렁이까지 다양한 생물이다. 이들 덕분에 토양은 비옥해지고 식물이 건강하게 자랄 수 있는 환경이 만들어진다. 농토의 토양을 이 정도로 건강하게 유지할 수 있다면 더없이 좋겠지만, 아쉽게도 농사를 지으며 흙의 건강을 유지하기는 생각보다 쉽지 않다.

농부들의 바람

사학자이며 인류학자인 유발 하라리(Yuval Noah Harari)는 그의 책 《사피엔스》(Sapiens)에서 채취와 수렵으로 먹고살았던 인류가 땅에 정착해 밀이나 쌀 같은 농작물을 본격적으로 재배하기 시작한 때를 기원전 9,500~8,500년으로 추정한다. 농업이 발달하면서 식량의 생산은 크게 늘어났고, 이에 따라 인구도 크게 증가했는데 이것을 '농업혁명'이라 부른다. 사람들이 농토 주변에 모여 살면서 자연스럽게 촌락들이 만들어졌고 시간이 흐르면서 그중 일부는 규모가 더 커져 도시가 되었다. 폭발적으로 증가하는 인구를 먹이기 위해 식량의 수요도 함께 증가했다. 농부들은 더 많은 농토를 확보하기 위해 숲을 태워 밭으로 만들었고, 더 많은 수확을 얻기 위해 밭에 쟁기질을 하고 잡초를 뽑고 거름을 주었다.[43] 농부들의 제일 큰 관심은 '어떻게 하면 더 많은 수확을 얻을 수 있을 것인가'에 있었다. 그래서 소출을 줄어들게 하거나 갉아먹는 방해꾼이 나타나면 힘이 닿는 데까지 싸웠다.

취미로 텃밭을 가꾸는 사람과 먹고살기 위해 농작물을 재배하는 사람의 자세는 다를 수밖에 없다. 봄이 되면 나는 홈디포(Home Depot)에서 사 온 토마토, 오이, 가지, 고추 등의 모종을 집 텃밭에 심는다. 몇 달 후 무농약 채소를 수확해 먹을 기대로 그렇게 하지만 번번이 실패한다. 마당에 수시로 출몰하는 야생 토끼와 마르모트 때문이다. 그렇다고 이 녀석들을 때려 줄 수도 없는 일이다. 그랬다 간 야생동물보호법 위반으로 벌금을 낼지도 모르기 때문이다. 이런 상황에서 내가 할 수 있는 일은 기껏해야 우리 강아지를 마당에 자주 내놓는 것이다.

고대 사람들이 야생동물들로 인해 피해를 입을 경우 나처럼 가만히 당하고 있을 수만은 없었던 것은 한 해 농사를 망치면 생계가 위태로웠기 때문이다. 그래서 밭 주변에 돌아가며 덫을 놓고 사냥꾼을 동원해서라도 농작물을 지켰다. 그런데 농작물을 노리는 것은 야생동물만이 아니었다. 메뚜기떼가 밀밭을 습격하기도 하고, 벼멸구떼가 논을 덮치기도 했다. 그럴 때는 이리 뛰고 저리 뛰어 봐야 역부족이었을 것이다. 더욱이 곰팡이가 일으키는 잎마름병이라도 돌면 고대인들은 원인이 무엇인지도 모른 채 속수무책으로 당할 수밖에 없었다.

이런 상황에서 사람들이 할 수 있는 것은 그리 많지 않았다. 그 중 한 가지는 병충해에 강하고 수확이 많은 품종을 찾거나 개량을 통해 그런 품종을 얻는 것이었다. 하지만 유전학적 지식이 없던 터라 작은 발전을 위해서도 기나긴 세월이 필요했다.

또 한 가지는 땅을 기름지게 하는 것이었다. 그러면 농작물은 튼튼하게 자라 스스로의 힘으로 병충해를 이겨낼 수 있었다. 이런 목적을 위해 만들어진 것이 친환경 비료인 퇴비다. 이 자연 비료는 식물의 성장에 필요한 질소(N), 칼륨(K), 인(P) 등이 풍부할 뿐 아니라 유용한 박테리아들을 많이 함유하고 있어, 농토에 뿌리면 토질 개선에 큰 도움이 된다. 연거푸 농작물을 키워내느라 지친 땅을 회복시키는 역할을 하는 것이다. 고대부터 중세와 근대를 거쳐 19세기까지 사람들은 밭갈이에서 추수까지 모든 것을 수작업으로 했다. 퇴비를 만들어 밭에 뿌리는 것도 당연히 수작업이었기에 많은 수고가 필요했으며, 가축의 도움을 받을 수 있으면 그나마 다행이었다.

바람은 이루어졌으나

19세기 말이 되면서 인구의 급격한 증가와 함께 식량에 대한 수요도 크게 늘어났다. 더 많은 식량을 생산하기 위해서는 밭에 더 많은 비료를 주어야 하는데 자연적인 방법으로 얻는 퇴비는 그 양이 너무 적었다. 이에 과학자들은 인공 비료의 발명에 도전했다. 공장에서 저렴한 비용으로 비료를 합성해 대량으로 생산하는 것이 목표였다. 사실 비료의 주성분인 질소는 공기 중에 가득하다. 공기의 78%가 질소이기 때문이다. 하지만 식물은 기체 형태의 질소를 직접 흡수하지 못하고 물에 녹아 있는 형태의 질소만 뿌리를 통해 흡수할 수 있다. 그러니 물에 잘 녹고 질소 함량이 풍부한 물질을 만들어야 했다. 이에 더해 운반과 보관이 용이하고 농부들이 다루기 쉬운 물질이어야 했다.

당시 기술력으로 이런 물질을 만드는 것은 난제였다. 많은 노력과 도전이 있었고, 20세기에 들어오면서 마침내 그런 신물질이 만들어졌는데 그것이 바로 질산암모늄이다. 이는 오늘날도 여전히 화학 비료의 주성분으로 사용된다. 화학 기업 바스프(BASF)의 지원을 받으며 연구하던 독일 화학자 프리츠 하버(Fritz Haber)가 이 발명에 주도적인 역할을 했다. 몇 년이 지나지 않아 질산암모늄은 대량으로 생산되기 시작했고, 독일을 넘어 유럽과 미국에서까지 인기리에 판매

되었으며 그 결과는 놀라웠다. 이 새로운 비료를 사용한 농장들은 소출이 급증했다. 이 화학 비료 덕분에 인류는 급증하는 인구를 먹이고도 남을 만큼 충분한 식량을 생산할 수 있게 되었고, 하버는 이런 공로를 인정받아 1918년에 노벨 화학상을 받았다.[44]

하버는 자신이 합성한 비료가 뿌려진 밭에서 소출이 대폭 늘어나는 것을 보며 흡족해했으나, 한 가지 새로운 문제가 대두되는 것을 발견했다. 그것은 잡초였다. 인공 비료 덕분에 농작물도 잘 자랐지만 덩달아 잡초들도 왕성하게 자랐다. 이에 하버는 농작물에는 피해를 주지 않고 잡초들만 선택적으로 죽이는 물질, 곧 제초제를 발명했다.

또 한 가지 문제는 해충이었다. 아무리 농작물이 잘 자라도 해충이 퍼지면 수확은 형편없이 줄어들었다. 이에 그는 해충 박멸에 효과적인 물질, 곧 살충제 개발에도 착수해 결실을 보았다. 인류 역사상 최초의 화학 살충제를 만들고 사용한 것이다.

표면적으로 볼 때 농업의 세계에 '혁명적'인 일이 일어났다. 화학비료 덕분에 이제 농부들은 과거에 비해 훨씬 더 많은 소출을 올릴 수 있게 되었을 뿐 아니라, 제초제와 살충제 덕분에 농사를 방해하는 훼방꾼들을 효율적으로 제거할 수 있었다. 그때만 해도 사람들은 승리에 취해 이 새로운 화학 물질들이 초래하는 부작용, 곧 땅이 서서히 황폐해져 가고 있다는 사실을 눈치채지 못했다.

황폐해진 것은 땅만이 아니었다. 위대한 화학자로 명성을 얻은 하버의 마음도 거칠어지고 메말라 갔다. 그 무렵 제1차 세계대전이 일어났다. 애국심이 투철했던 하버는 곧 입대했고 독일군에서 화학 무기 개발의 책임자가 되었다. 살충제를 만든 경험을 살려 단시간에 다양한 독가스 제조에 성공했다. 이 치명적인 가스들은 곧바로 작전에 사용되었고 엄청나게 많은 생명을 앗아가고 불구로 만들었다. 제2차 세계대전이 일어나기 몇 년 전에 하버는 심장마비로 사망했지만 그의 발명품인 독가스들은 계속 사용되었다. 나치가 수백만 명의 유대인들과 집시들을 아우슈비츠 수용소에 가두고 독살할 때 사용한 지클론 B(Zyklon B) 독가스가 바로 하버의 발명품이다. 하버는 유대인이었다. 아이러니하게도 그가 치밀하게 연구하고 개발한 독가스가 가장 무서운 위력을 발휘한 대상이 바로 그의 동족이었던 것이다. 심지어 수용소에서 독살당한 사람들 중에는 하버의 친척들도 있었다.[45]

농사에서 많은 소출을 얻고자 한 열망 자체는 좋은 것이었지만, 그 열망에서 시작한 도전이 좋은 결과만 가져온 것은 아니었으며 결국 예상치 못한 이런 큰 비극까지 초래했다.

8.
농산물 생산 공장이 된 들판

 미국은 세계 최대 농업국 가운데 하나다. 곡물의 경우 자급하고도 넉넉히 남아 세계에서 가장 많은 양을 수출한다. 그만큼 농업은 미국에서 중요한 산업이다. 전통적인 방법으로 농사를 짓던 미국의 농부들은 두 차례 세계대전을 겪으면서 일종의 혁명을 맞게 된다. 그 과정을 간략히 살펴보자.

 존 디어(John Deere)나 매시-해리스(Massey-Harris) 같은 기업들은 본래 농사에 필요한 농기계들을 생산했다. 그런데 전쟁이 터지자 군수품의 수요가 급증했고, 이에 이 기업들은 탱크와 군용 트럭을 만들어 납품했다. 급히 연구 인력을 투입해 고난도 기술이 필요한 '헬리콥터 프로펠러'와 '전투기 날개'까지 제작했다. 전쟁이 끝나자 이 기업들은 일상으로 돌아와 다시 농기계를 만들었지만 큰 변화가 일어났다. 군수품을 만들며 쌓은 기술력을 바탕으로 당시로서는 최첨단 농기계들을 생산하기 시작한 것이다. 덕분에 밭갈이, 파종, 물 주기, 비료 주기, 농약 치기, 수확과 탈곡까지 모든 것이 기계화되었다. 농

부들은 적은 인원으로도 드넓은 농토를 마음대로 주무르며 농사를 지을 수 있게 된 것이다.[46]

전쟁 전부터 미국의 화학 기업들은 하버가 발명한 화학 비료인 질산암모늄 제조법을 들여와 제품을 생산하고 있었다. 물론 상당한 특허료를 지불했다. 이들은 2차 세계대전이 끝나고 농사 붐이 일어나자 질산암모늄의 생산량을 크게 늘렸다. 이 신통한 가루를 밭에 뿌리면 소출이 곱절로 늘어났기 때문에 주문이 쇄도했고 날개 돋친 듯 팔려나갔다. 그런데 풀어야 할 두 가지 문제가 있었다. 첫째는 잡초였다. 인공 비료 덕분에 잡초도 왕성하게 자라나 농사를 방해했다. 둘째는 병충해였다. 자연에서 만든 퇴비를 먹고 자라는 농작물보다 인공 비료를 먹고 자라는 농작물이 벌레에 더 약했다.

사실 화학 비료를 살포한 밭에 잡초와 병충해 문제가 발생한다는 것은 1910년대에 독일에서 프리츠 하버가 이미 파악한 내용이었다. 이 유능한 독일인 화학자는 그에 대한 대책까지 이미 제시해 놓았는데 그것은 제초제와 살충제를 같이 사용하는 것이다. 미국의 화학 기업들은 앞다투어 이런 약품들을 만들어 팔기 시작했는데, 그 제조법은 대부분 독일에서 온 것이었다. 어떤 회사는 하버가 개발해 화학 무기로 사용했던 지클론 B의 제조법을 들여왔다. 아우슈비츠에서 사용된 바로 그 독극물이니 인간으로서 기본 양심이 없었다고밖에 볼 수 없다. 이 기업은 이 무서운 독약을 미국 땅에서 제조했고, 이름만 바꾸어 판매했다. 살충제로서 효과가 좋았던 이 농약은 인기리에 팔려나갔고 미국 전역의 밭에 살포되었다.

전후의 미국에서는 베이비붐과 함께 인구가 급증하고 있었고, '더 많은 식량을 생산하자'는 운동이 벌어지고 있었다. 심지어 몇몇 주들은 '해충과의 전쟁'을 선포하고 농약 사용을 적극 장려했다. 농부들은 최신식 트랙터를 몰며 자동 분무기를 통해 제초제와 살충제와 살균제로 밭을 폭격하다시피 했다. 결과는 대성공이어서 잡초들이 맥없이 시들고 해충들의 씨가 말라버린 드넓은 밭에서 밀과 옥수수와 콩이 무럭무럭 자라 결실했다. 그때부터 미국의 농장들은 '농작물을 생산하는 공장'으로 변신했고, 이로써 공장식 농업(industrial agriculture)이 시작되었다. 전후에 일어난 농업의 기계화, 그리고 독일산 화학 비료와 살충제의 도입이 이런 변화를 몰고 왔다. 작가이자 다큐멘터리 영화감독인 조슈아 틱켈(Joshua Dupre Tickell)은 《Kiss the Ground》라는 책과 동명으로 만든 다큐멘터리에서 이러한 역사적 사실을 소상히 밝혔다.[47]

토양이 중병에 걸렸다

화학 비료는 수확의 증가를 가져왔지만 시간이 흐르면서 문제가 발생했다. 그것은 바로 해가 갈수록 비료의 효과가 서서히 줄어든다는 것이었다. 작년과 동일한 양의 비료를 주면 올해의 수확은 조금 줄어들었다. 올해에 작년과 동일한 수확을 얻으려면 작년보다 조금 더 많은 비료를 주어야 했다. 이런 이유로 농부들이 사용하는 비료의 양은 점점 늘어났는데, 2020년을 기준으로 60년 전과 비교하면 세 배 이상 늘어났다. 즉 동일한 양의 곡물을 수확하기 위해 2020년에는 1960년에 비해 세 배나 많은 비료를 뿌려야 했다. 이것은 비단 미국에서만 일어나고 있는 현상이 아니다. 1960년대 이후로 북미를 필두로 산업형 농업을 도입한 모든 나라가 현재 겪고 있

는 현상이다.[48]

이런 일이 일어난 것은 토양, 즉 흙의 건강이 나빠지고 있기 때문이다. 농지나 텃밭의 흙은 흔히 생각하는 것보다 훨씬 복잡하고 섬세하다. 흙 속에 미생물이 살고 있다는 사실을 모르는 사람은 없지만 얼마나 많은 미생물이 살고 있는지 아는 사람은 많지 않다. 토양 미생물학자들에 따르면 한 줌의 건강한 흙 속에는 무려 100억 마리 이상의 미생물이 활발히 활동하고 있고, 그 종류도 수만 가지에 달한다. 문자 그대로 토양은 살아 있다.[49] 낙엽이나 마른 풀잎이 땅에 떨어지면 이는 그곳에 뿌리내리고 있는 식물의 먹거리가 된다. 그러나 식물은 이런 것들을 직접 흡수하지 못하기에 누군가 도와주어야 하는데 그 역할을 미생물이 한다. 먼저 흙 속에 있는 미생물들이 낙엽을 먹으면 이 마른 잎사귀는 서서히 분해되고, 그렇게 분해해 놓은 것은 식물이 먹을 수 있다.

어떤 미생물은 아예 농작물의 뿌리에 붙어 공생한다. 이 공생 관계를 좀더 자세히 들여다보면, 우선 농작물은 뿌리를 통해 각종 달콤한 탄수화물을 분비하면서 미생물들에게 신호를 보낸다. 그러면 거기에 응답하는 미생물들이 그 영양분을 받아먹으며 뿌리 표면에 자리를 잡고 살기 시작한다. 광합성을 하지 못해 스스로 영양분을 만들지 못하는 미생물들에게 이것은 대단히 큰 혜택이요 선물이다. 이 작은 생명체들은 받기만 하는 것이 아니라 주기도 한다. 어떤 미생물은 균사라고 하는 솜털처럼 생긴 가느다란 가지들을 흙 속으로 뻗는데, 길게는 15센티미터까지 뻗어 물을 흡수해 식물에게 준다. 어떤 것은 식물이 흡수하지 못하는 미네랄과 영양소들을 삼킨 후 식물이 흡수할 수 있는 형태로 바꾸어 준다. 또 어떤 신통한 것은 식물에게 필요한 성장 호르몬을 합성해 주고, 심지어 식물에 침투하려

8. 농산물 생산 공장이 된 들판

는 해로운 박테리아를 물리칠 수 있도록 항생물질을 만들어 주는 것도 있다.⁵⁰ 이 정도면 뿌리에 붙어사는 미생물들은 '농작물에게 받은 은혜'를 아는 것 같다. 은혜를 갚는 것이 사람보다 낫다는 생각도 든다.

흙이 건강하면 거기에 심긴 농작물은 미생물들과 공생하면서 건강하게 자라고 열매를 맺는다. 그런데 농사를 공장식으로 짓기 시작하면서 다량의 화학 비료를 뿌려대니 미생물들이 크게 스트레스를 받고 활동이 제한될 수밖에 없다. 한술 더 떠 살충제와 살균제까지 사용하고 있으니 토양 미생물 편에서 보면 죽으라는 소리다. 이런 살벌한 환경에서 이 미생물의 종류도 줄어들고 개체수도 줄어드니 농작물의 수확이 줄어드는 것은 당연하다. 그런데 사람들은 이런 사정을 모르고 비료의 양만 늘린다. 이런 식으로 60여 년이 흐르면서 악순환이 계속되었고, 전 세계적으로 많은 농지가 피폐해졌다. 크리스틴 니콜스(Kristine Nichols) 박사를 비롯한 여러 토양미생물 학자들은 인류가 현재와 같은 방법으로 화학 비료와 농약을 쓰면서 농사를 짓는다면 토양의 건강은 더욱 악화될 것이고, 머지않은 미래에 심각한 식량난에 봉착할 것이라고 경고한다.⁵¹

더 늦기 전에 환경친화적인 농업으로 돌아가야 한다. 병들고 죽어가는 토양의 건강을 회복하고 되살리는 데 우선적인 관심을 쏟아야 한다. 느리고 수고스러워도 퇴비를 사용하고 화학 비료를 과감히 줄여가야 한다. 당장은 수익이 줄어들더라도 제초제와 살충제 없이 농작물을 길러야 한다. 일부 농부들은 토양 건강의 중요성을 이해하고 공장식 농업에서 벗어나 환경친화적 농업으로 바꾸어 가고 있다. 이들을 통해 생산되는 유기농 채소와 과일과 곡물을 시장에서 볼 수 있는 것은 고무적인 일이다. 하지만 지구 전체에서 생산되는 농작물

가운데 유기농으로 생산되는 것의 양은 아직 턱없이 부족하다. 공장식 농업에서 환경친화적인 농업으로의 전환이 지금보다 훨씬 적극적이고 폭넓게 일어나야 한다.

9.
메말라 버린 형들의 마음

만일 요셉이 없었다면 이집트는 7년 흉년을 견디지 못하고 역사에서 사라졌을 가능성이 크다. 하나님이 준비시킨 사람 요셉 덕분에 이집트는 이 재난을 지혜롭게 이겨냈고, 흉년이 끝난 후에 '죽은 땅을 다시 살리는 작업'도 거뜬히 해냈다(창 47:19b 참조). 땅은 회복되었고 사람들은 일상으로 돌아가 다시 농사를 지으며 살 수 있었다.

창세기는 요셉의 리더십 아래 이집트 백성이 7년 흉년을 극복하는 사건을 서술하면서 요셉의 형들에 관한 이야기도 동시에 풀어 나간다. 비옥했던 농토가 바싹 마르고 황폐해진 것처럼 형들의 마음도 마르고 황폐해져 있었다. 땅은 가뭄 때문에 메말랐는데 형들의 마음은 무엇 때문에 그렇게 되었을까? 창세기는 그것이 내적 상처와 죄 때문임을 밝힌다. 그들의 마음은 크고 작은 상처를 받으면서 팍팍해지고 메말라 갔으며, 이런저런 죄를 범하면서 더욱 황폐해져 갔다. 하지만 반전이 일어난다. 피폐해진 땅이 요셉의 지혜로운 경영으로 회복된 것처럼, 피폐해진 형들의 마음도 요셉 덕분에 회복되는 드라마틱한 반전이다. 긴 세월 속에서 일어난 이 두 이야기는 날줄과 씨줄처럼 엮여 창세기 37장부터 50장까지 계속된다. 먼저 형들의 마음에 일어난 가뭄에 시선을 돌려 본다. 이를 위해서는 몇 가지 사건을 훑어보아야 한다.

세겜에서 일어난 복수극

야곱의 아들들은 막내 베냐민을 제외하고 모두 유프라테스강 상류에 위치한 하란에서 태어났다. 아버지 야곱이 네 명의 아내를 두었기에 배다른 형제들이 함께 자랐다. 목축을 하며 재산이 크게 늘어난 야곱의 가족은 우여곡절 끝에 20년 하란 생활을 정리하고 가나안으로 돌아왔다. 요단강 동편 숙곳에 머물던 그들은 강을 건너 세겜으로 옮겨 갔다. 목축하기에 더 유리한 곳으로 간 듯하다. 그 성읍이 마음에 들었던 야곱 가족은 성문 맞은편에 땅을 사서 텐트를 세웠다.

세겜 생활이 시작된 지 얼마 되지 않은 어느 날 야곱의 딸 디나가 다운타운으로 외출을 나갔다. 이때 이 소녀를 보고 첫눈에 반한 남자가 있었다. 세겜의 추장으로 성읍 이름과 같은 세겜이라는 이름의 사람이었다. 젊지만 추장이었으니 분명히 아내가 있었을 것이다. 그런데도 디나를 자기 집으로 끌어들여 겁탈하고는 아버지 하몰을 통해 디나와의 혼인을 추진했다.

이 사실을 알고 야곱의 아들들은 격분했다. 그들에게 강간은 대단히 심각한 죄인데, 여동생 디나가 이런 범죄의 희생자가 되었으니 분노하는 것이 당연했다. 게다가 기분이 더 상하는 것은 하몰의 태

9. 메말라 버린 형들의 마음 93

도였다. 자기 아들의 잘못에 대해서는 한마디 사과도 없고, "이왕 이렇게 되었으니 당신들의 여동생과 내 아들을 결혼시킵시다"라는 식의 제안을 했던 것이다. 세겜은 한술 더 뜬다. 그가 한 말을 직설적으로 표현하면 이렇다. "디나와 결혼하게 허락해 주시오. 그러면 당신들이 흡족할 만큼의 거액의 결혼 지참금을 드리겠소."

가나안에 사는 부족들이 성적으로 문란한 것은 널리 알려져 있었다. 다른 부족의 처녀를 강제로 범한 것에 대해 전혀 죄의식을 못 느끼는 세겜과 하몰을 통해서도 이러한 사실이 잘 드러난다. 그들은 이 사건을 빌미로 야곱 가족과 통혼하고 교역하기를 제안했다. 그렇게 되면 야곱 가족이 가진 거대한 가축 떼가 결국 자신들의 소유가 될 것이라는 속셈도 있었다(창 34:23).

야곱과 아들들은 조용히 세겜성을 떠나 다른 곳으로 가야 했다. 디나 사건은 여호와가 그들에게 주신 "가나안 부족들과 섞이지 말고 떠나라"라는 신호였다. 하지만 분노를 이기지 못한 야곱의 아들들은 복수를 작정하고 음모를 꾸몄다. 그리고 세겜에게 이렇게 말했다. "우리도 당신들과 통혼하고 교역하고 싶다. 하지만 우리는 할례 받지 않은 사람들과는 그렇게 할 수 없으니 먼저 할례를 받아라. 그러면 우리가 기꺼이 당신들과 교류하겠다." 디나에게 홀딱 빠져 있던 세겜은 그 제안을 덥석 받아들였다. 그의 아버지와 함께 성문에서서 성읍 사람들을 설득했고 세겜성의 모든 남자가 일시에 할례를 받았다. 그들은 할례를 만만하게 보았다. 살을 조금 잘라내는 것이 아프기는 하지만 별것 아니라고 생각했던 것 같은데 큰 오산이었다.

사흘째 되던 날 남자들은 모두 앓아누웠다. 일어나 걷기도 힘들었을 것이다. 그때 디나의 친오빠 레위와 시므온이 무장하고 세겜성으로 갔다. 가능한 한 많은 하인을 동원해 함께 갔을 것이다. 나머지 여덟 명의 아들은 마음이 내키지 않았는지 함께 가지 않았다. 레위와 시므온은 하몰과 세겜 부자는 물론 성읍에 있는 모든 남자를 깡그리 죽이고, 디나를 집으로 데려왔다. 여덟 아들은 뒤늦게 복수극에 가담했다. 세겜성으로 쳐들어가 전리품을 노략하듯이 가축과 재물을 싹쓸이한 데다 여자들과 아이들까지 사로잡아 왔다.

물론 디나를 욕보인 데다 야욕을 품고 야곱 가족에게 통혼과 교역을 제안한 세겜이 먼저 큰 잘못을 저질렀다. 그렇지만 분노에 차 이성을 잃었던 야곱 아들들의 보복은 너무 잔혹하고 비정했다. 야곱은 "너희 둘 때문에 가나안 땅에서 우리 집안의 명예가 실추되었다"고 시므온과 레위를 나무란다. 그리고 자초지종을 알게 된 가나안 부족들이 연합해 공격해 오면 자기 집안은 멸절할 것이라고 한탄한다. 이에 두 아들은 아버지에게도 분노를 터뜨렸다.

"그가 우리 누이를 창녀 다루듯이 하는 데도, 그대로 두라는 말입니까?"(창 34:31, 새번역).

이 사건 전반에 나타난 야곱의 아들들의 마음 밭은 메마르고 거칠기가 이를 데 없다. '누구든지 나와 내 가족에게 해를 입히기만 해 봐. 오십 배 백 배로 갚아줄 테다'라는 생각을 품고 그대로 실천에 옮기고 있다.

동생을 노예 상인에게 넘기다

세겜 사건 이후 대략 10년이 흘렀다. 야곱 가족은 고향 땅으로 돌아와 살고 있었다. 17세 소년 요셉은 이복형들과 함께 양을 쳤는데 곧잘 형들의 잘못을 아버지에게 일러바쳤다. 그런 행동을 하면 형들과의 관계가 나빠질 것을 충분히 알 만한 나이인데도 '일러바치기'를 계속한다. 요셉이 아버지의 사랑을 독차지한 상황에서 이처럼 행동하면 당연히 형들에게 미움을 살 수밖에 없다. 너무 순진해서 자기의 고자질이 어떤 결과를 가져올지 몰랐던 것이든, 아니면 알면서도 상관하지 않고 자기가 하고 싶은 대로 행동한 것이든 어느 쪽이든 간에 그런 행동은 나이에 맞지 않는 철없는 짓이었다.

그러던 중 노여움과 복수심에 붙잡혀 있는 형들의 감정에 불을 지르는 사건이 터졌다. 꿈을 꾼 요셉이 그걸 온 집안사람들에게 얘기하고 다닌 것이다. 형들의 곡식 단이 자기 곡식 단에 절을 한다는 내용이었는데 형들에게는 그것이 "내가 형들보다 서열이 높아"라는 소리로 들렸다. 얼마 후 요셉은 또 꿈을 꾸었는데 내용은 첫 번째 것과 거의 같았다. 이번에도 그는 온 집안을 돌아다니며 자기가 꾼 꿈을 신나게 얘기했다. 형들의 시기심은 더욱 거칠게 타올랐다.

어느 날 형들은 양떼를 몰고 집에서 멀리 떨어진 도단까지 나와 있었다. 멀리 명품 옷을 입은 소년 요셉이 그들에게로 오는 것이 눈에 띄었다. 동생이 다가오는 동안 형들은 즉석에서 모의를 시작한다. "저 꿈쟁이를 죽여서 깊은 구덩이에 던져 버리고 집에는 맹수에게 당했다고 말하자. 녀석의 꿈을 그렇게 박살 내버리자"라는 의견이 중론이었다. 그러나 장남 르우벤이 보기에 동생들의 계획은 너무 지나쳤다. 그래서 요셉을 구해야겠다는 생각으로 동생들을 설득한다. "아무리 미워도 피붙이인데 우리 손으로 죽이지는 말고 그냥 구덩이에 던져 넣기만 하자." 맏형의 말을 거역할 수 없었던지 동생들은 마지못해 그 말을 받아들였다.

마침내 요셉이 도착하자 형들은 그를 붙잡아 그 꼴 보기 싫은 채색옷을 벗기고 구덩이에 던졌다. 살려달라고 애원하며 부르짖는 소리가 들렸지만 무시하고 둘러앉아 밥을 먹었다. 그런 상황에서도 밥이 넘어가는 걸 보면 이들의 양심이 얼마나 딱딱해졌는지 알 수 있다. 음식을 먹으면서도 요셉을 어떻게 처리할지 모의를 계속한 듯하다.

뒤탈을 없애기 위해 확실히 처리하자는 의견이 힘을 얻을 즈음에 이스마엘 상인 한 떼가 그곳을 지나갔다. 낙타에 향품을 싣고 이집트로 내려가는 대상이었다. 르우벤이 잠시 자리를 비운 사이에 유다가 요셉을 그 상인들에게 팔아 버리자고, 그렇게 하면 굳이 손에 피를 묻히지 않고도 꿈쟁이를 집에서 영원히 쫓아낼 수 있다고 제안했다. 모두가 동의했고 요셉은 은전 스무 개에 팔려 이집트로 끌려갔다. 뒤늦게 이 사실을 안 르우벤은 큰 충격을 받고 부르짖어 울었다. 아버지에게는 거짓말을 해야 했다. 요셉이 맹수에게 물려갔다는 소식을 들은 야곱은 여러 날을 울었다. 저러다 죽겠다 싶을 정도로 통곡했다.

이런 비극이 일어난 데는 요셉에게도 잘못이 있지만, 근본적으로는 아버지 야곱의 책임이 크다. 열한 번째 아들인 요셉을 대놓고 편애했으니 열 명의 형이 받은 상처가 얼마나 컸겠는가. 친자매인 레아와 라헬이 둘 다 한 남자 야곱의 아내가 되면서 시작된 이 가정에는 갈등과 경쟁과 질투가 끊이지 않았다. 이런 역기능 가정에서 자란 자녀들이 거칠어지고 비뚤어지는 것은 당연한 결과인지도 모른다. 하지만 그렇다고 해서 그들이 저지른 이 악행을 합리화할 수는 없다. 형들은 희생자인 동시에 가해자다. 그런데 자기들이 당한 대로 갚아 주는 가해자가 아니라, 그에 몇 곱절로 갚아 주는 괴물에 가까운 가해자가 되었다.

유다 스캔들

이집트에 도착한 상인들은 요셉을 팔았고 파라오의 친위대장 보디발이 그를 샀다. 이 기록과 함께 창세기 37장이 끝난다. 요셉이 보디발의 집에서 노예로 살아가는 내용은 한 장을 건너뛰어 39장부터 시작된다. 38장의 내용은 요셉의 이야기와는 별 상관이 없어 보이는 유다 집안의 이야기다. 이것이 우리가 살펴보고자 하는 세 번째 사건이다. 그 무렵 유다는 자기 형제들을 떠나 아둘람에 가서 살았다. 거기서 친구의 소개로 가나안 여인을 만나 결혼했는데, 그것은 야곱 가문이 간직하고 있던 결혼에 관한 중요한 규칙을 깨는 파격적인 행동이었다. 그가 깬 금기는 가나안 여자와 혼인하지 말라는 것이었다. 할아버지 이삭과 아버지 야곱이 열심히 지켜온 법을 걷어차 버린 것이다. 그는 장차 이스라엘 열두 지파 가운데 유다 지파의 조상이 될 사람인데 신앙적 유산을 함부로 여기며 마음대로 살아가고 있었다.

유다의 아내는 세 아들을 낳았고 세월이 흘러 장남 엘이 결혼할 때가 되었다. 유다는 아들 엘을 다말과 결혼시켰으나 엘은 자식도 보기 전에 갑자기 죽고 말았다. 그가 여호와가 보시기에 악했기에 주님이 그를 치심으로 보기 드문 비극이 유다 집안에 일어난 것이다. 일반적으로 사람들이 악을 행해도 하나님은 인내하시며 회개할 기회를 주시고 또 주신다. 사람의 잘못을 즉시 징계하셔서 생명을 거두어 가시는 일은 구약과 신약을 통틀어 손에 꼽을 정도인데, 유다 집안이 이런 징계를 받은 것이다. 그러면 온 집안사람들이 정신을 바짝 차리고 회개하고 여호와를 향한 경외심을 회복해야 했다. 하지만 이어지는 사건들을 보면 그렇게 했다는 어떠한 증거도 찾아보기 어렵다.

풍습을 따라 유다는 차남 오난을 다말과 결혼시켰다. 다말이 임신해 아이를 낳으면 오난의 아이가 되는 것이 아니라 죽은 형의 아이가 되어 형의 대를 잇게 된다. 그렇게 되는 것이 싫었던 오난은 비열한 방법으로 그 전통을 거부했다. 다말과 잠자리를 같이하면서도 임신은 하지 못하게 했다. 주님은 그의 행위를 악하게 보셨고 생명을 거두어 가셨다. 다말은 또다시 비운의 주인공이 되었고, 유다는 장남에 이어 차남까지 잃었다. 여호와가 사람의 악한 행위를 즉시 징계하시는 매우 드문 일이 한 집안에서 두 번이나 연거푸 일어났다. 이런 상황이라면 더는 미루지 말고 회개해야 마땅한데, 유다는 아들 둘이 결혼하는 족족 다 급사했으므로 두 비극의 원인으로 다말을 지목한 듯하다. 전통에 따르면 막내아들 셀라를 다말과 결혼시켜야 하는데 유다는 그것만은 피하고 싶었다. 다행히 셀라가 결혼하기에는 너무 어렸기에 이를 핑계 삼아 다말을 친정으로 돌려보냈다. 셀라가 결혼할 나이가 될 때까지 기다리라는 것이지만 이는 빈말이었다.

시간이 흘러 셀라가 성인이 되었지만 시아버지 유다는 다말에게 아무런 연락도 하지 않았다. 시아버지의 의도를 알아차린 다말은 몹시 고통스러웠을 것이다. 고대 근동 지역에서 '자식 없는 과부'는 밑바닥 인생을 벗어나지 못했다. 막막한 생계 문제 앞에서 다말은 심각하게 고민하며 궁리한 끝에 한 가지 방법을 생각해 내고 실천에 옮긴다. 그 무렵 유다는 아내와 사별하고 홀아비가 되었다. 양털을

깎는 때가 되어 그가 자기 양떼가 있는 딤나에 온다는 정보가 다말에게 흘러 들어갔다. 그녀는 창녀로 변장하고 성문에 앉아 기다렸다. 유다가 종종 창녀를 만난다는 사실을 알았기에 그런 일을 꾸몄을 것이다.

여호와 하나님을 섬기는 야곱 가문 출신이 창녀를 찾다니 충격적인 일이 아닐 수 없다. 성적으로 문란한 가나안 사람들이나 유다나 그 도덕적 수준은 거기서 거기였다. 다말의 예상은 적중했다. 유다는 성문에 앉은 창녀(변장한 다말)에게 노련하게 다가가 흥정했고, 마침 현금이 없어 나중에 염소 새끼 한 마리를 주기로 하고 둘은 매매에 합의했다. 그리고 다말은 그 담보물로 유다의 도장과 지팡이를 요구했다. 창녀가 며느리 다말이라는 사실을 꿈에도 몰랐던 그는 별 생각 없이 담보물을 주고 관계를 가졌다.

지팡이는 걷는 데 유용한 도구인 동시에 부족 사회에서 자신의 권위를 나타내는 물건이다. 또 도장은 상거래를 할 때 사용하는 것으로 오늘날 인감도장과 비슷한 역할을 했다. 화대가 없다고 담보물로 자기 인감도장을 맡기는 사람은 드물 것이다. 잘못되면 자기 신분이 고스란히 드러나기 때문이다. 이 모든 것을 알고도 창녀와 관계를 맺었으니 유다는 그 당시 이성이 많이 흐려진 상태였던 것 같다. 뭔가에 홀린 사람 같지 않은가?

이후 유다는 염소 새끼를 전해 주고 담보물을 찾기 위해 친구를 그 창녀에게 보냈다. 직접 가지 않은 것을 보면 사람들의 눈을 의식한 듯하다. 다말이 창녀의 변장을 벗고 친정으로 돌아간 까닭에 친구는 헛걸음만 하고 돌아왔다. 이 소식에 유다는 당황했고, 자신이 창녀를 만났다는 사실이 사람들에게 알려져 수치를 당할까 봐 몹시 염려했다.

그로부터 석 달쯤 지난 후 며느리 다말이 창녀 짓을 했고 임신까지 했다는 소문이 돌아 유다의 귀에까지 들어갔다. 그는 사실 관계도 확인하지 않은 채 시아버지의 권위로 명령했다.

"그를 끌어내서 화형에 처하여라!"(창 38:24, 새번역).

서슬이 시퍼런 명령이었다. 여기서 유다는 내로남불의 한 전형을 보여 준다. 자신이 창녀와 저지른 간음은 조용히 덮기 원했으면서, 미운 며느리가 저지른 간음은 법대로 엄격하게 처벌하기를 원한다.

다말은 다급히 도장과 지팡이를 시아버지에게 보내 이 물건의 주인으로 말미암아 자기가 임신하게 된 것이라고 말했다. 그것을 본 순간 유다는 너무 놀라 숨도 쉬기 어려웠을 것이다. 지팡이와 도장은 다말을 임신시킨 남자가 바로 유다 자신이라는 명명백백한 증거였으므로, 그는 다말을 죽이라는 명령을 철회하지 않을 수 없었다. 결국 다말이 시아버지 유다를 통해 낳은 아들이 그 가문의 대를 이어가게 되었으니, 유다의 집안은 그야말로 내로라하는 패륜의 집안이었다.

이상의 세 가지 사건이 보여 주는 바와 같이 형들의 마음에 닥친 흉년은 심각했다. 오랜 가뭄으로 갈라진 논바닥처럼 그들의 영혼은 마르고 황폐해져 있었다.

10.
회복의 단비가 내리다

하나님은 야곱의 열두 아들을 통해 자신의 백성 이스라엘을 만들기 원하셨을 뿐 아니라, 장기적으로는 그들을 통해 열방을 구원할 계획까지 세우셨다. 그런데 초기 단계부터 이 계획에 심각한 문제가 발생했다. 열둘 가운데 열 명의 마음이 죄와 상처로 병들었다. 하나님의 백성이라고 부르기에는 심히 부끄러운 자, 하나님의 영광을 드러내기는커녕 그분의 영광에 먹칠을 하는 자들이 되었다. 그런데도 하나님은 그들을 포기하지 않으시고 긴 시간 속에서 여러 사건을 통해 그들을 가르쳐 회개로 이끄시며, 상처를 치유하고 키워 가신다.

그 일에 통로로 부름받은 사람이 요셉이다. 사실 그는 형들보다 더 비뚤어질 수 있는 환경에 처했었다. 형들에게 살해의 위협을 받았고 가족과 생이별을 해야 했다. 외국으로 끌려가 노예살이하는 것도 서러운데 누명을 쓰고 감옥에까지 들어갔다. 시련이 너무 혹독해, 어릴 때 배운 신앙을 내던지고 그분을 원망하며 엇나갈 수도 있었다. 그러나 하나님이 은혜를 베푸셨고, 그는 그 은혜를 잘 받아들였다. 요셉은 하나님을 만났고 그분과 동행하면서 치유받아 새사람이 되었으며, 나아가 여러 고난을 통해 성품이 다듬어지고 믿음이 견고해졌다. 이제 하나님은 요셉을 사용하셔서 형들을 만지고자 하시는데, 그분이 형들을 회개시키시고 치유하시는 과정에 스며 있는 그분의 계획과 사랑을 따라가 본다.

총리에게 제대로 걸려든 형들

7년 대흉년은 이집트뿐 아니라 가나안에도 심각한 기근을 몰고 왔고 식량은 고갈되었다. 식량이 있는 곳은 이집트밖에 없으니 여러 나라 사람들이 곡식을 사러 이집트로 몰려들었고, 그중에는 요셉의 형들도 있었다. 그들은 20여 년 전, 요셉이 노예로 팔려 이스마엘 장사꾼들에게 끌려 내려갔던 그 길을 따라 이집트로 왔다. 그들이 요셉을 잊었을까? 그렇지 못했다. 도단에서 일어났던 그 사건이 양심을 찔러 끊임없이 그들을 괴롭혔다. 동생이 팔려 간 땅 이집트로 오는 그들의 마음 한구석은 말할 수 없이 불편했을 것이다.

요셉은 형들이 오기를 기다렸다. '많은 사람이 몰려오는데 혹시 형들을 놓치면 어떡하지? 20여 년이 흘렀으니 형들도 많이 변했을 텐데 혹시 내가 못 알아보는 건 아닐까?' 이런 걱정도 하지 않았을까. 마침내 그들이 왔고 다행히 쉽게 요셉의 눈에 띄었다. 아마 만감이 교차했을 것이다. 요셉은 단번에 형들을 알아보았으나 형들은 그렇지 못했다. 마지막으로 보았을 때 십 대 후반에서 이십 대 청년이었던 그들이 이제 사십 대의 중년들이 되어 있었다. 그 중년들이 총리를 향해 얼굴을 땅에 대고 절하자, 요셉은 소년 시절 꾸었던 꿈, 곧 형들의 곡식 단이 자기 곡식 단을 둘러서서 절하던 그 꿈이 기억났다. 그 꿈이 현실에서 이루어지고 있었다. 그러나 엄밀히 말하면 그 꿈이 아직 완전히 현실이 된 것은 아니다. 형들이 지금 요셉에게 절하고 있는 것은 분명하지만, 지금은 총리라는 지위 앞에서 곡식을 사고자 머리를 숙이는 것일 뿐이다. 총리가 요셉이라는 것을 알았다면 자기들이 지은 죄가 있으니 두려움으로 떨며 그 앞에 납작 엎드렸겠지만, 지금은 진심으로 그를 존경해 머리를 숙이는 것이 아님이 분명하다. 형들이 요셉에게 진심으로 머리를 숙이고 온 맘으로 감사와 존경을 표현하게 되려면 아직 시간이 더 필요했다.

그런데 갑자기 총리가 형들을 정탐꾼이라고 의심한다. 곡식을 사러 온 것처럼 꾸며 이집트의 허술한 곳이 어디인지 엿보러 왔다는 것이다. 물론 이것은 요셉의 계략이었지만 그런 줄 꿈에도 모르는 형들은 놀라 가슴을 졸이며 자신들을 변호한다. '우리를 첩자라 생각하다니. 총리님이 뭔가 잘못 아신 거야. 무슨 오해가 있었겠지.' 이런 생각으로 오해를 풀어 보려 자신들의 신분을 밝혔으나 소용이 없었고 일만 더 어렵게 꼬이고 있었다. 총리는 그들이 첩자인 것이 확실하다면서 자백을 받아내려 했다. 사태가 그들이 생각한 것보다 훨씬 심각하다는 걸 깨닫자 형들은 필사적으로 자신들은 그런 사람이 아니라고 밝히고자 애썼다. 그 소용돌이 속에서 자신들의 개인 정보와 집안 내력까지 다 말해 버리고 말았다. 본래는 열두 형제였는데, 하나는 잃어버렸고 막내는 연로한 아버지와 함께 고향에 남아 있다는 사실까지 다 고했던 것이다.

총리는 막냇동생이 있다는 말의 꼬리를 잡아채며, 첩자가 아님을 증명하려면 그들 중 한 명이 가서 그 막내를 데려오라고 요구했다.

그동안 나머지 아홉은 '스파이'라는 꼬리표를 붙인 채 붙잡혀 있어야 했다. 그건 너무 부당하다고 하소연할 틈도 없이 그들은 체포되고 감옥에 감금되어 일은 걷잡을 수 없이 커지고 있었다. 고향에 가서 베냐민을 데려오려면 적어도 보름은 걸린다. 이는 이집트의 곡식을 사서 가나안에 있는 가족들에게 가져가는 일이 적어도 보름은 늦어진다는 얘기고, 그것도 일이 잘 풀릴 경우에나 그렇다. 만일 아버지 야곱이 베냐민을 못 내놓는다며 버티기라도 하면 시간은 더 길어질 것이다. 최악의 상황은 베냐민을 데려왔는데도 총리가 그들을 풀어 주지 않는 경우다. 명확한 증거도 없이 심증만으로 그들을 첩자라고 우기는 총리의 태도로 보아, 막내를 데려온다 해도 순순히 석방해 주지 않을 가능성이 높다. 별의별 생각과 걱정이 그들을 휘감았을 것이다. 총리는 분명히 열 명 중 하나를 고향으로 돌려보내 주겠다 말했는데, 어찌 된 영문인지 열 명 모두 가두어 놓고 더는 말이 없다. 총리가 그들을 속인 것일까?

피를 말리는 기다림 속에서 사흘이 지났을 때 총리가 그들을 불러내 말했다.

> "나는 하나님을 두려워하오. 당신들은 이렇게 하시오. 그래야 살 수 있소"(창 42:18, 새번역).

뜬금없이 총리는 자기가 하나님을 두려워하는 사람이라고 말한다. 통역을 사이에 두고 말했기 때문에 형들이 총리의 말을 직접 알아듣지는 못했다. 무슨 이유로 이집트 총리가 이스라엘의 하나님을 경외하는 것일까? 상식적으로 생각할 때 그런 일은 불가능하기에, 총리가 이집트어로 자기네 신들을 두려워한다고 말한 것을 통역자가 "나는 하나님을 두려워한다"로 옮겼을 가능성이 높다. 쉽게 말해, "나는 신들의 이름을 걸고 약속을 지키는 사람이니, 너희 막내를 데려오기만 하면 무혐의 처분을 내리고 모두 석방해 주겠다"는 말 같았다.

하지만 총리 편에서는 그런 뜻으로 한 말이 아니다. 총리는 실제로 여호와 하나님을 알고 두려워하는 사람이다. 그분을 믿고 경외하는 사람으로서 형들에게 간곡히 권면한다. "당신들은 이렇게 하시오. 그래야 살 수 있소." 그들이 살길은 총리의 말을 듣는 것이다. 흉년은 앞으로 5년 이상 계속되는데 형들은 그 사실을 모르고 있다. 총리의 말을 듣고 이집트로 이주해야 재난에서 살아남을 수 있다. 요셉은 그 사실을 알았기에 야곱 가족의 이집트 이주 프로젝트를 추진하기 시작함과 동시에 형들을 회개로 이끌어 새사람으로 만드는 프로젝트도 추진한다. 그의 말이 맞다. 형들은 총리의 말을 들어야 한다. 그래야 살 수 있다.

아홉 명이 갇혀 있고 한 명만 고향으로 돌아갈 수 있다고 엄히 말하던 총리의 태도가 크게 누그러져, 이제는 한 명만 갇혀 있고 아홉 명은 돌아가도 좋고, 또 곡식도 원하는 만큼 사서 가져가라고 허락했다. 물론 막냇동생은 데려와야 한다. 그래야 그들이 첩자가 아니라는 것을 증명하고 혐의를 벗을 수 있다. 총리는 막냇동생 문제만큼은 단호해, 만일 그들이 그를 데려오지 못하면 죽음을 면하지 못할 것이라고 엄히 말했다.

그 말에 마음이 불편했던지, 비록 총리 앞이지만 형들은 자기들끼리 머리를 맞대고 무엇인가에 대해 심각하게 이야기를 나누었다. 동생 요셉에 관한 얘기였다. 말하고 싶지 않고 생각하기도 싫은 기억이었지만 죄책감이 밀려와 견딜 수 없었기 때문에 이제는 말하지 않을 수 없었다. 그 아이가 살려 달라고 애원했지만 무시하고 팔아 버린 자신들의 행동이 너무 후회스러웠다. "그때 그러지 말았어야 했는데…. 그 일로 이제 우리가 하나님께 벌을 받는 거야." 이런 말이 오갔다. 형들은 총리가 히브리어를 구사하지 못한다고 알고 있었다. 그들과 대화할 때는 언제나 통역자가 있었기 때문이다. 설사 총리가 히브리어를 안다 해도 이집트와 별 상관이 없는 외국에서 온 자신들의 가족사를 알아들을 가능성은 전혀 없다고 믿었다.

형들은 요셉이 그 자리에 있어 자신들의 대화를 듣고 있으리라고는 상상도 하지 못했지만, 그 영화 같은 일이 실제로 일어났다. 총리가 된 요셉이 거기 있었고 은밀히 주고받는 형들의 대화를 다 알아들었으니 그의 감정이 어떠했을까? 20여 년 전 도단에서 일어난 그 사건은 소년 요셉에게 회복하기 힘든 깊은 트라우마를 남겼기에, 하나님이 구해 주지 않으셨다면 그는 평생 그 상처에 묶여 비참하게 살았을 것이다. 다행히 그는 하나님 안에서 회복되었고, 그런 그의 마음은 그의 첫째 아들의 이름에서도 잘 드러난다. 그 아들은 일곱 해 풍년 기간에 태어났고 요셉은 '잊게 해주다'라는 뜻의 '므낫세'라는 이름을 지어 주었다. 도단에서 얻은 트라우마를 비롯해 모든 고난과 아픔을 하나님이 다 치유해 주시고 잊게 해주셨기에 이를 기념해 그렇게 이름을 지었다. 그럼에도 형들이 도단 사건을 얘기하는 것을 직접 들으니 요셉은 눈물을 참을 수 없었다. 그 자리에서 물러나 잠시 울고 난 후 다시 등장한 요셉은 계획대로 일을 진행했다. 시므온을 결박해 감옥에 가두고, 나머지 아홉은 구입한 식량을 가지고 고향으로 가도록 허락했다.

그들이 하룻밤 묵어갈 곳에 이르렀을 때 아홉 중 하나가 나귀에 실린 곡식 자루를 풀어 보았다. 자루 속을 들여다본 그는 소스라치게 놀랐다. 자신들이 낸 곡식 대금이 자루에 들어 있었기 때문이다. 누군가가 고의로 그렇게 한 것이 틀림없었다. 형제들에게 이 사실을 알리자 모두 충격을 받고 떨며 한탄했다.

"하나님이 어찌하여 우리에게 이런 일을 하셨는가!"(창 42:28, 새번역).

집에 도착해 자루를 비우다 보니 나머지 여덟 명의 자루에서도 곡식 대금이 나왔다. '얼마 후에 또 곡식을 사러 이집트로 가야 할 텐데 그때 아홉 형제가 모두 도둑으로 몰리는 것이 아닐까?', '총리가 왜 돈도 내지 않고 곡식을 가져갔냐고 물으면 뭐라고 대답하지?' 이런 생각이 그들을 두렵게 했다. 이어지는 시련을 통해 그들은 하나님 앞에서 자신을 돌아보게 된다.

총리 덕분에 회복이 일어나다

이제 양식은 거의 바닥났고 곡식을 사러 이집트로 또 가야 하는데, 짐작했던 대로 아버지 야곱이 완고하게 반대했다. 첩자가 아님을 증명하고 무사히 곡식을 사 오려면 베냐민을 데리고 가야 하는데 아버지는 막무가내였다. "너희 때문에 요셉을 잃었는데 이제 베냐민마저 빼앗아 가려 하느냐"며 소리를 높였다. 그가 가장 사랑했던 아들 요셉을 잃은 트라우마는 20여 년이 지났지만 아물지 않았다. 아버지가 아직도 생채기가 선명한 그 상처를 꺼내 얘기한다는 것 자체가 형들에게는 악몽이요 고문에 가까운 고통이었을 것이다. 이런 과정을 통해 형들은 자신들이 저지른 죄의 대가가 얼마나 크고 무서운지 절감하게 된다.

　기근이 계속되자 아버지는 하는 수 없이 베냐민을 놓아 주었고, 형들은 그를 데리고 이집트로 내려갔다. 잔뜩 긴장한 채로 지난번에 내지 못한 곡식 대금은 물론 선물까지 준비해 갔다. 예상과 달리 총리의 태도는 대단히 부드러웠고, 심지어 관저에 식사를 준비하고 그들을 초대하기까지 했다. 형들은 긴장을 풀지 못하고 살얼음판을 걷듯이 조심스럽게 응했다. 식사하는 곳에서 안내에 따라 자리에 앉았는데, 이게 웬일인가? 앉고 보니 큰형부터 막내아우에 이르기까지 정확하게 나이 순서대로 자리가 배정되어 있었다. 묻지도 않았고 말해 준 적도 없는데 열한 명의 나이 정보를 어떻게 입수했을까? 넷플릭스 드라마 〈오징어 게임〉(2021)의 참가자들이 자신들의 과거를 다 알고 있는 운영진 앞에서 당황하는 모습이 떠오른다.

　총리가 자신들에게 왜 잘해 주는지 그 이유를 알기는 어려웠으나, 그들이 첩자라는 누명을 벗은 것은 확실했으므로 이제 구입한 곡식을 가지고 이집트를 벗어나기만 하면 되는 상황이었다. 다음 날 이른 아침 형들과 베냐민은 각자의 곡식 자루를 나귀에 싣고 집으로 출발했다. 모든 것이 순조롭게 흘러가는 것 같았다. 그런데 총리의 관리인이 황급히 뒤쫓아 와서는 마른하늘에서 날벼락이 떨어지는 소리를 했다. 그들 중 하나가 총리가 아끼는 은잔을 훔쳤다는 것이다. 형들이 생각할 때 그것은 있을 수 없는 일이었다. 그들은 지난번 이집트 방문에서 첩자로 몰려 감옥에 갇히는 큰 수모를 겪었다. 그래서 이번 방문에서는 어떠한 꼬투리도 잡히지 않으려고 조심하고 또 조심했다. 이런 상황에서 그들이 왜 총리의 은잔을 탐내겠는가? 무슨 착오가 있음이 틀림없다고 생각했다. 그래서 형들은 관리인에게 결백을 주장하며 자신들의 짐을 다 조사해 보라고 강하게 말했다. 그러면서 어느 누구에게서라도 은잔이 나오면 그 사람은 죽여도 좋고, 또 나머지 형제들은 모두 총리의 노예가 되겠다고 덧붙였다. 이쯤 되면 관리인이 그들이 무죄함을 알아차리고 "보아하니 당신들이 훔친 건 아닌 것 같소. 무슨 착오가 있었나 보오. 잘들 돌아가시오" 하고 떠나야 했다. 하지만 그는 물러서지 않았다. 그리고는 누구에게서든 은잔이 발견되면 그 사람만 총리의 노예가 되고 나머지는 죄가 없으니 풀어 주겠다고 말했다.

짐 검사가 시작되었고 관리인은 베냐민의 자루에서 은잔을 찾아냈다. 또다시 일이 꼬이고 있었다. 요셉의 형제들이 받은 충격은 매우 컸다. 눈앞이 캄캄했을 것이다. 가나안에는 그들이 곡식을 사서 돌아오기만을 애타게 기다리는 아내와 자식들이 있다. 형들 편에서 냉정하게 따져 보면 노예가 되어야 할 사람은 베냐민이지 자신들이 아니다. 베냐민은 요셉의 친동생이요 아버지 야곱의 총애를 받았다. 요셉을 편애하던 아버지는 그 버릇을 못 고치고 이제 베냐민을 편애하고 있다. 진작에 요셉을 팔아넘겼던 그들이 아닌가. 사람은 좀처럼 변하지 않는다. 특히 위기가 닥치면 본성이 그대로 튀어나온다. 과거의 그들 같았으면 베냐민만 끌려가게 내버려 두고 자신들은 곡식을 챙겨 가나안으로 돌아갔을 것이다. 그렇게 해도 법적으로는 아무 문제가 없다. 하지만 형들은 베냐민을 두고 자신들만 집으로 돌아갈 생각이 전혀 없었다. 슬픔에 겨워 흐느껴 울면서도 베냐민과 함께 총리 앞으로 돌아가는 형들의 모습은 그들이 변했음을 말해 준다.

바닥에 납작 엎드린 그들을 향해 총리는 호통을 치면서 말했다. "도둑질한 자는 이곳에 남아 노예가 되고 나머지는 곡식을 가지고 고향으로 돌아가도 좋다." 과거의 형들이라면 못 이기는 척하고 곡식을 챙겨 그곳을 떠났을 것이다. 그런데 이제는 달라졌다. 모두들 막내를 지키고자 했다. 제일 앞장선 사람이 유다였다. 그는 베냐민의 무죄를 확신했다. 하지만 그 상황에서 무슨 수로 그것을 증명한단 말인가? 말도 잘 통하지 않는 외국 땅에서 평범한 '을'인 자신이 '갑' 중의 갑인 이집트 총리를 상대하기에는 역부족이었다. 동생을 변호한답시고 말을 잘못 했다가는 더 큰 화를 당할지도 모른다.

유다는 이 모든 상황을 고려해 총리에게 자기 집안 상황을 매우 정직하게 설명했다. 그가 한 말의 요지는 이러했다. "베냐민은 저희 아버지가 노년에 얻은 막내아들입니다. 아버지는 이 아들을 지극히 아끼고 사랑합니다. 이번에 저희가 이집트로 오면서 총리님과 한 약속을 지키기 위해 그 아이를 데려오려 하자 아버지는 심히 걱정하며 허락하지 않았습니다. 사실은 베냐민 바로 위에 형이 하나 있었는데 오래전에 죽었습니다. 아버지는 그 트라우마 때문에 막내까지 잃지 않을까 노심초사했습니다. 식량은 바닥나 가고 베냐민 없이는 이집트로 올 수 없었기에 저는 아버지에게 굳게 약속했습니다. 제 생명을 걸고 베냐민을 잘 데리고 갔다 무사히 집으로 데려오겠다고 말입니다. 총리님, 제가 아버지에게 한 약속을 지킬 수 있게 도와주십시오. 이 아이가 집으로 돌아가지 않으면 저희 아버지는 충격을 받아 돌아가실 것입니다. 제가 저 아이 대신에 총리님의 종이 되겠습니다. 그러니 저 아이만은 풀어 주셔서 아버지에게 돌아갈 수 있도록 은혜를 베풀어 주십시오"(창 44:18-34).

충격적인 부탁이었다. 베냐민을 구하기 위해 자기가 노예가 되는 길을 선택한 것이다. 유다가 변했다. 아버지를 증오하고 요셉을 노예로 파는 데 앞장섰던 그가 아니었던가! 그런데 이제 아버지를 이해하고 아낀다. 아버지의 총애를 받는 베냐민을 향한 질투는 어디론가 사라져 버렸고, 그를 살리기 위해 자기의 전부를 내놓았다. 심한 가뭄으로 마를 대로 마른 땅과 같았던 그의 마음이 어느새 부드럽고 촉촉한 땅으로 변했다. 회복이 일어난 것이다. 이런 종류의 회복은 오직 하나님만 하실 수 있는 일이다. 나머지 형제들의 마음에도 이와 유사한 회복이 일어났다.

이 세상에는 요셉의 형들같이 마음이 메마르고 황폐해진 사람이 많다. 정도의 차이는 있지만 사실 모든 사람이 '마음의 가뭄'을 겪고 있다. 이러한 가뭄을 자각하지 못하고 그냥 살아가는 사람이 있고, 어느 정도 자각하는 사람도 있지만, 중요한 것은 사람은 스스로의 능력만으로는 이 문제를 해결할 수 없다는 것이다. 이러한 상황에서, 하나님이 주도적으로 나서서 요셉을 통해 형들을 회복시키셨다는 사실은 우리에게 큰 희망을 준다. 하나님은 우리의 메마른 마음도 부드러운 땅으로 회복시키고자 다각도로 일하고 계신다.

4부

큰 흉년 중에
일어난
큰 구원

11.
하나님의 손

유다가 나서서 간절한 자세로 베냐민을 변호하는 동안 요셉의 마음이 어떠했을까? 마음에 감동이 밀려왔을 것이다. 유다는 베냐민을 대신해 자신이 노예가 되겠다고 말했고, 이는 진심이었다. 이 말에 요셉은 북받치는 감정을 더는 억누를 수가 없었다. 그는 시종들을 내보낸 후 형들에게 자신의 신분을 밝혔다. 그 순간 오래 참았던 울음이 봇물처럼 터져 나왔다.

"한참 동안 울었다. 그 울음소리가 어찌나 크던지 밖으로 물러난 이집트 사람들에게도 들리고, 바로의 궁에도 들렸다"(창 45:2, 새번역).

파라오의 궁에까지 들릴 정도로 큰 울음소리가 한참 동안 계속되었다. 무엇이 그를 이렇게 울게 했을까? 말로 표현하기 힘든 여러 감정이 그 울음에 들어 있었다. 분함이나 상처 때문에 우는 것은 아니었다. 형들을 이미 용서했기에 미움이나 원망은 사라지고 없었다.

그 울음은 기쁨과 감사에서 나왔다. 과거에 거칠고 악하던 그들이 새사람으로 거듭난 것을 확인하니 감격의 눈물이 흘렀다. 친동생 베냐민을 향해 참았던 눈물도 터져 나왔고, 아버지에 대한 그리움이 그를 더 크게 울게 했던 것 같다.

"내가 요셉입니다!"(창 45:3a, 새번역).

이 한마디에 형들은 충격을 받아 그 자리에 얼어붙었다. 너무 놀라 아무 말도 하지 못했다. 입에 올리기도 두렵고 부담스러운 그 이름이 이집트 총리의 입에서 나오다니, 형들은 상황 파악이 잘 되지 않았다. 총리는 자기가 요셉이라고 신분을 밝혔지만 형들은 그를 잘 알아보지 못했다. 이에 그는 형들의 기억을 돕기 위해, 그들의 열한 번째 동생 요셉이 아니면 결코 알 수 없는 사실 한 가지를 말했다.

"내가, 형님들이 이집트로 팔아넘긴 그 아우입니다"(창 45:4b, 새번역).

만일 당신이 형들 중 하나라면 이 상황에서 무엇이 떠올랐을까? 플래시백이 일어나면서 20여 년 전에 저지른 그 일이 생생하게 기억날 것이다. 당신이 벗겼던 요셉의 채색옷이 보이고, 살려 달라고 울부짖는 그의 음성이 들릴 것이다. 세월이 흘렀으나 당신이 저지른 죄는 거기 그대로 있다. 하나님이 기억하고 계시고, 피해자인 요셉의 뇌리에 생생하게 새겨져 있다. 죄가 드러났고 이제는 그 뒷감당을 해야만 한다. 인신매매를 저질렀으니 그 대가는 당신도 노예가 되는 것이다. 막강한 권력을 가진 총리가 사형을 선고해도 할 말이 없는 처지에 놓였으니, 밀려드는 두려움과 자책감 앞에서 당신은 숨도 쉬기 어려울 것이다.

그런데 요셉의 입에서는 누구도 상상하지 못한 말이 나왔다. 냉랭하고 분노에 찬 마음에서 나온 날 선 말이 아니라, 따뜻한 마음에서 나온 위로의 말이었다.

"그러나 이제는 걱정하지 마십시오. 자책하지도 마십시오"(창 45:5a, 새번역).

그는 심한 걱정과 자책에 빠진 형들을 위로하며 그럴 필요 없다고 설명한다. 사실 요셉은 말로 다 표현할 수 없을 만큼 큰 피해를 당했다. 이런 일을 당하면 피해자가 가해자를 용서하는 것은 사실상 불가능에 가깝다. 피해자가 그 상처를 극복하고 정상적으로 살아간다 해도, 다시는 가해자를 보고 싶어 하지 않는다. 그런데 요셉은 달랐다. 그는 원망의 말 한마디 없이 형들을 감싸 안으며 위로한다. 요셉의 심경에 큰 변화가 있었던 것이 틀림없다. 어떤 과정을 거쳐 트라우마에서 회복되고 형들을 용서할 수 있었을까? 자세한 것은 알 수 없지만 한 가지 분명한 것은, 그의 관점이 변했고 이로 인해 형들을 용서하고 너그럽게 대할 수 있었다는 것이다. 창세기 45장 5-8절 말씀이 이러한 사실을 뒷받침해 준다. 새로운 시각이 열린 그는 일반 사람들이 못 보는 것을 보았다. 그것은 바로 '하나님의 손'이었다.

표면적으로 보면 세상은 자연과 사람에 의해 돌아간다. 다시 말해 모든 일이 자연과 사람에 의해 일어난다는 것이다. 이집트에 찾아온 대흉년은 자연이 그렇게 한 것이다. 나일강 상류인 에티오피아 고원에 비가 오지 않고 가뭄이 계속되자 나일강의 수위가 급격히 낮아졌고, 급기야는 농사를 지을 수 없게 되었다. 또 요셉이 노예가 되어 이집트로 팔려 온 것은 형들 때문이다. 그들이 요셉을 이집트로 내려가는 대상에게 팔아넘겼기 때문에 그가 이곳으로 왔다. 누가 봐도 요셉이 이집트에 오도록 만든 것은 형들이다. 사람들은 대부분 세상에서 일어나는 일을 이런 관점으로 보고 이해한다.

하지만 더 깊이 들여다보면 세상은 자연과 사람이 아니라 하나님에 의해 돌아간다. 그분이 세계를 경영하시며 자신의 뜻과 계획을 이루어 가신다. 일곱 해 대풍년과 일곱 해 대흉년은 단순한 자연 현상이 아니라 하나님이 그렇게 계획하시고 실행하셨기 때문에 일어난 일이다. 형들이 요셉을 노예로 판 것은 분명한 사실이지만, 그 사건을 통해서도 하나님은 자신의 뜻을 이루고 계셨다. 이집트로 끌려온 요셉은 우연히 보디발에게 팔린 것이 아니라 그분의 간섭으로 그렇게 된 것이다. 그가 누명을 쓰고 감옥에 갇힌 사건, 옥중에서 왕의 신하들을 만나 꿈을 해석해 준 사건, 만 2년 후 왕의 술을 책임진 신하가 불현듯 요셉을 기억한 사건, 그가 왕의 꿈을 해석하고 총리가 된 사건 등 그에게 일어난 모든 일은 하나님의 경영하심 가운데 일어났다.

노예살이라는 극한적인 환경에서 요셉은 하나님을 인격적으로 만났고 그분을 신뢰하고 따르게 되었다. 그러면서 자연스럽게 자신의 인생에서 일어나는 일에서 그분의 손을 보는 안목이 생겼고, 그 안목으로 보니 그가 이집트로 오도록 원인을 제공한 분은 형들이 아니라 하나님이셨다. 그래서 그는 이렇게 말한다.

"그런즉 나를 이리로 보낸 이는 당신들이 아니요 하나님이시라"
(창 45:8a).

11. 하나님의 손　117

형들이 요셉을 팔았기 때문에 어쩔 수 없이 이집트로 온 것이 아니라 하나님이 보내셨기 때문에 왔으며, 또 사명을 가지고 왔다. 그것은 좁게는 7년 대흉년에서 야곱 가족을 구하는 것이고, 넓게는 이집트와 그 주변 나라 사람들의 목숨을 구하는 것이다. 이와 같이 요셉은 하나님의 손을 볼 수 있었기에 자신의 인생에 일어난 비극을 재해석하고 형들을 용서할 수 있었다.

12.
사막화

형들과 해후한 그 자리에서 요셉은 대흉년이 아직 다섯 해나 더 계속될 것이라는 사실을 두 번이나 언급했다. 그의 마음에는 이 무서운 재난으로부터 아버지와 가족들을 구해야 한다는 생각으로 가득했다. 그래서 눈물도 마르기 전에 형들에게 가나안으로 올라가 아버지를 모시고 온 가족이 속히 이집트로 내려와야 한다고 설득했다. 이집트로 이주해 오기만 하면 총리인 자신이 책임지고 땅도 주고 양식도 공급할 테니 염려하지 말고 자기 말대로 하라고 간곡히 말한다.

극심한 가뭄이 여러 해 동안 계속되어 파종 자체가 불가능한 경우 농토에는 어떤 일이 일어날까? 이에 대한 간략한 설명이 창세기 47장 13절에 있다.

"기근이 더욱 심하여 사방에 먹을 것이 없고 애굽 땅과 가나안 땅이 기근으로 황폐하니."

땅이 황폐해졌다. 다시 말해, 지력이 바닥나 아무것도 자랄 수 없는 황무지가 되었다는 것이다. 이 정도로 쇠약해진 땅이 7년 후 다시 비가 온다고 쉽게 원상태로 돌아갈 수 있을까? 그래서 예전처럼 정상적으로 농사를 지을 수 있을까? 성경에 이에 대한 구체적인 언급이 없으므로 자세한 것은 알 수 없다. 다만 토양 과학에 근거해 추정해 보면, 대흉년 동안 토양의 질이 심각하게 나빠졌을 테니 본래대로 회복되는 데는 여러 해가 걸렸을 것이다. 물론 나일강은 매년 여름 홍수로 범람할 때 상류에서 떠내려 온 충적토가 밭을 덮었기 때문에 다른 지역에 비해서는 지력의 회복이 빨랐을 것으로 추정된다.

일반적으로 가뭄이 계속되면 땅이 단순히 마를 뿐 아니라, 흙을 비옥하게 하는 지렁이 같은 벌레들이 자취를 감춘다. 토양을 건강하게 하고 식물이 자라는 데 결정적인 도움을 주는 미생물들도 죽거나 활동을 중지하고 휴면에 들어감으로써 땅이 황폐해지는 것이다. 같은 가뭄이라도 초원과 농토는 황폐해지는 정도가 크게 다르다. 초원에는 다양한 풀뿌리들이 두꺼운 카펫처럼 땅을 덮고 있어, 수개월 동안 비가 오지 않아도 풀뿌리 카펫 아래의 흙은 좀처럼 마르지 않는다. 하지만 농토는 쟁기로 땅을 갈아엎고 씨를 뿌리고 추수하기를 수십 년 혹은 수백 년 반복한 곳이므로 풀뿌리 카펫이 없다. 그러니 비가 오지 않거나 관개 시설을 통해 물이 공급되지 않으면, 채 몇 주도 지나지 않아 흙은 마르고 작물은 고사한다. 가뭄이 계속되면 바짝 마른 흙은 바람에 쓸려 날아가는데, 이런 현상을 토양의 '침식'(erosion)이라고 한다.

침식이 계속되면 땅의 표면에 있는 흙, 즉 겉흙은 다 날아가고 속흙이 드러나 농사를 지을 수 없다. "속흙도 흙이니까 그걸 갈아엎어 거기에 씨를 뿌리면 농사가 가능하지 않을까요?"라고 묻고 싶을지도 모르지만, 그렇게 했다가는 종잣값도 건지지 못한다. 속흙은 단단해 쟁기질하기도 어렵고, 식물이 자라는 데 필요한 영양분이 거의 없기 때문이다. 식물은 겉흙이 있어야 제대로 자랄 수 있다. 이 겉흙을 전문용어로 '표토'(topsoil)라 부르는데, 표토는 식물의 먹거리가 되는 각종 영양소뿐 아니라 토양 미생물도 풍부하게 함유된 부드러운 흙이다. 낙엽이 썩고 미생물에 의해 분해되는 곳이 표토이며, 죽은 곤충들의 사체가 분해되는 곳 역시 표토다. 땅이 아무리 넓어도 그 땅을 덮고 있는 표토가 너무 얇으면 열심히 농사를 지어도 소출은 빈약할 수밖에 없다. 좁은 땅이라도 두꺼운 표토로 덮여 있다면 단위 면적당 높은 수확을 기대할 수 있다. 농사에서 표토의 역할이 그만큼 중요하다.[52]

어떤 지역에서는 심한 가뭄 때문에 토양의 침식이 여러 해 동안 계속해서 일어나기도 한다. 그렇게 되면 표토는 바짝 말라 바람에 다 쓸려가 버리고 농사짓기에 불가능한 땅이 되고 마는데 이런 현상을 '사막화'(desertification)라 부른다. 어떤 지역이 사막화되었다고 해서 한순간에 사하라 사막이나 고비 사막처럼 모래밖에 없는 땅으로 변하는 건 아니다. 가뭄에 강한 나무들은 그대로 남아 있고 외형에는 큰 변화가 없다. 다만 그 땅이 표토를 잃어 경작이 불가능한 불모지가 되는 것이다. 한번 사막화가 일어난 땅을 그대로 두면 영구 불모지가 된다. 생산이 가능한 본래의 모습으로 되돌리기 위해서는 엄청나게 많은 노력과 막대한 비용과 긴 시간이 필요하다.[53]

사막화가 일어난 지역이나 나라는 식량 위기에 처한다. 땅이 사람이 먹을 곡식이나 채소뿐 아니라 가축에게 먹일 풀조차 생산할 수 없기 때문이다. 그러니 모든 식량을 타지에서 사와야 한다. 나라의 재정 상태가 좋다면 문제가 없지만, 사막화의 피해가 심한 나라들은 대부분 가난해 그럴 만한 여유가 없다. 한 나라에서 사막화가 일어나면 경제는 파탄이 나고 사회는 극도로 불안정해진다. 아프리카의 사하라 사막 이남에 위치한 나라들은 지구상에서 사막화의 피해를 가장 심하게 입고 있는 나라들이다. 이 나라들이 가난을 벗어나지 못하고 내전에 휘말리는 데는 여러 원인이 있겠지만 그중 하나가 땅의 사막화다.[54]

황사가 보내오는 경고

사막화는 주로 건조한 지역에서 일어난다. 한국은 강수량이 많은 나라라서 가뭄이 들어도 표토가 말라 바람에 흩어질 정도의 길고 혹독한 가뭄은 없다. 그러니 땅이 사막화되는 일은 거의 일어나지 않는다. 그렇다고 해서 안심하고 다른 나라에서 일어나는 사막화를 건넛마을 불구경하듯 할 수는 없다. 이 때문에 인류가 식량을 생산할 수 있는 농토의 면적이 빠른 속도로 줄어들고 있기 때문이다.

현재 우리나라에 직접적으로 영향을 주는 사막화도 있어 우리를 긴장시키는데, 그것은 이웃 나라인 중국에서 일어나고 있는 사막화다. 네이멍구의 메마른 땅에 강한 서풍이 불면 엄청나게 많은 흙 알갱이가 하늘로 빨려 올라가 거대한 먼지 구름을 형성한다. 이 반갑지 않은 구름은 바람을 타고 우리나라까지 날아오는데 이것이 바로 황사다. 중국과 몽골에서 사막화되는 면적이 점점 더 늘어나고 있어, 그 결과로 황사는 더 자주 발생하고 그 양도 차츰 더 많아진다. 이 불청객이 우리 하늘을 덮으면 태양광의 상당 부분이 차단

되어 구름 없이 맑은 날인데도 마치 흐린 날같이 된다. 일조량이 낮아져 농사에 피해를 주고, 가시거리가 떨어져 항공기 운항에 지장을 준다. 황사가 덮인 상태에서 비가 오면 그 비는 산성비가 된다. 황사는 미세 먼지의 일종인데 알갱이 크기가 워낙 작아 미세한 틈만 있어도 어디든 비집고 들어간다. 황사 차단용 마스크를 쓰지 않으면 사람의 코를 통해 기관지는 물론 폐까지 침투해 질병을 일으킨다. 이 불청객은 정밀 기계와 반도체 공장에도 침투해 제품의 불량률을 높인다.

한반도에 사는 우리는 황사 때문에 불편을 겪기는 하지만 날아온 모래에 농토가 덮일 정도는 아니다. 일반적으로 이 모래바람을 '우리의 미래를 위협할 정도의 큰 문제'라고는 생각하지 않는다. 하지만 황사는 그 자체가 재해이면서 동시에 훨씬 더 큰 재해가 일어나고 있음을 알려 주는 '경고등'임을 놓쳐서는 안 된다. 중국과 몽골뿐 아니라 세계 각처에서 불고 있는 모래바람은 점점 더 많은 땅이 불모지로 바뀌고 있다는 경고등이다. 다소 비관적으로 들릴 수도 있겠지만, 이 모래바람은 머지않은 미래에 지구에 펼쳐질 디스토피아의 전주곡일지도 모른다. 크리스토퍼 놀란(Christopher Nolan) 감독의 영화 〈인터스텔라〉(Interstellar, 2014)가 말하는 '땅 문제'가 실제로 일어날 수 있다는 뜻이다. 이 영화의 배경은 2067년인데 갈 데까지 간 환경 오염으로 모든 대륙에서 사막화가 급속히 진행되고 있는 상황을 보여 준다. 대형 모래 폭풍이 수시로 불어 차도 사람도 흙먼지를 뒤집어쓴 채 살아간다. 식량이 절대적으로 부족해 대부분의 청년이 직업으로 농부를 택한다. 필사적으로 농사에 매달리지만 해가 갈수록 수확량은 줄어들기만 한다. 땅은 거기 그대로 있으나 표토가 없으니 땅 구실을 하지 못한다. 결국 사람들은 지구를 대체할 만한 다른 행성을 찾아 나선다.

  사막화는 근래에 일어난 새로운 현상이 아니다. 과거에도 이런 일이 있었다. 그래서 '새로운 것이 아니니 그리 큰 걱정을 할 필요는 없다'고 생각할 수도 있다. 하지만 현재 일어나고 있는 사막화는 과거의 것과는 그 양상이 크게 다르다. 먼저 과거에 일어났던 사막화를 돌아보고, 그것이 현재 일어나고 있는 것과 어떤 차이가 있는지 알아보자.

13.
고대 메소포타미아에서 일어난 사막화

사막화는 인류 역사에서 드물지 않게 일어났다. 어떤 지역에 가뭄이 발생해 길게 지속되면 땅은 황폐해지고, 결국 사람들은 그 땅을 포기하고 떠날 수밖에 없었다. 자연이 일으킨 재해 앞에서 인간이 할 수 있는 일은 거의 없었다. 한편, 자연환경에는 큰 문제가 없는데도 사람의 과실로 사막화가 일어나는 경우도 있었다. 그런 경우 그것은 자연재해라기보다는 인재(人災)였다. 사람들이 더 많은 수확을 얻고자 욕심을 부리다 땅을 잘못 관리해 발생한 재난이기 때문이다. 세계사를 보면 자연재해 때문에 일어난 사막화와 함께 사람의 과실로 일어난 사막화도 있었다.

대표적인 예가 고대 문명 발상지인 메소포타미아에서 일어난 사막화다. 메소포타미아는 그 이름만 봐도 얼마나 강에 의존된 땅인지 알 수 있다. 헬라어로 '메소'는 '사이'(between)를, '포타미아'는 '강들'(rivers)을 의미한다. 티그리스강과 유프라테스강 사이에 위치한 땅이라 그런 이름으로 불렸다. 그 지역은 강수량이 적고 건조했다. 농사를 지으려면 물이 필수적인데, 메소포타미아에 정착했던 고대 수메르인들, 아시리아인들, 바빌로니아인들은 그 넓은 평야에 물을 어떻게 공급했을까? 두 강에는 언제나 넉넉한 물이 흘렀기에 그 물을 농사에 이용하기 위해 운하를 건설하고 촘촘히 수로를 팠다. 고대인들은 이렇게 관개를 통해 평야 전체에 충분한 물을 댈 수 있었다.

두 강은 매년 범람해 홍수를 일으켰다. 강의 상류에 자그로스(Zagros)산맥 등 고지대가 많은데, 봄이 되어 눈이 녹으면 엄청난 양의 물이 유입되어 강이 범람했다. 이때 쓸려 내려온 비옥한 흙이 메소포타미아 평야를 편만하게 덮었다. 매년 이런 일이 일어나면서 메소포타미아는 비옥한 평야가 되어 막대한 양의 잉여 식량을 생산할 수 있었다. 이런 이유로 여러 문명과 제국들이 탄생하는 요람이 되었다. 이 두 강에 대한 기록은 성경에도 여러 차례 나온다. 창세기 2장에 묘사된 에덴은 네 개의 강의 발원지였는데 그중 두 개가 티그리스강과 유프라테스강이었다. 요나가 하나님의 심판을 전하러 찾아갔던 앗수르(Assyria) 제국의 수도 니느웨는 티그리스강 변에 있었고, 유다 왕국을 멸망시키고 그 백성을 포로로 끌고 간 바빌로니아 제국의 수도는 유프라테스강 변에 있었다.

메소포타미아 평야에는 농사를 방해하는 의외의 요소가 있었는데 그것은 염분이었다. 빗물에는 염분이 전혀 없는 반면, 강물에는 소량이기는 하지만 염분이 있다. 대개는 무시해도 될 정도로 적은 양이지만 강 상류의 흙에 소금기가 많거나 소금 광산이 있는 경우에는 얘기가 달라진다. 상당한 양의 소금이 강물에 녹아들고 그 물을 농토에 댈 경우 문제가 생길 수 있는데, 티그리스강과 유프라테스강이 바로 그런 경우다. 강물을 밭으로 끌어들이면 뜨거운 햇볕에 물은 곧 증발하고 염분은 흙에 남는다. 미량의 염분이기에 당장은 문제가 없다. 하지만 이런 일이 오래 반복되면 흙에 축적되는 소금의 양은 점점 늘어나 결국 농작물의 성장을 방해한다.[55]

기원전 3천 년 무렵 메소포타미아에 거주했던 수메르인들은 농토에 축적되는 염분 때문에 심각한 피해를 입었다. 이 고대인들은 본래 보리보다 밀을 더 많이 심었는데 땅에 염분이 쌓이면서 지력이 약해지자 밀을 포기하고 보리를 심는 농부들이 늘어났다. 소금기로 인해 밀 농사가 되지 않았기 때문이었다. 시간이 흘러 염분이 더 축적되면서 보리 농사도 되지 않았다. 그러면 사람들은 하는 수 없이 그 땅을 포기하고 새로운 땅을 찾아 떠났고, 그렇게 버려진 땅이 늘어나면서 메소포타미아 평야는 점점 사막화되었다.[56]

농토에 염분이 축적되는 현상을 막는 방법이 없었을까? 메소포타미아 사람들은 그 방법을 알고 있었다. 한 해 농사를 지었으면 그다음 해에는 밭을 쉬게 하는 것이다. 강물을 밭에 끌어들이지 않고 작물도 심지 않은 채로 그냥 두면 된다. 그러면 새로 유입되는 염분이 없을뿐더러 적은 양이긴 하지만 비가 내리면 그 빗물이 흙으로 스며들어 흙 속에 있는 소금기를 씻어 낸다. 이런 방법으로 땅에 쌓이는 염분을 완벽히 차단하기는 어려웠겠지만 획기적으로 줄일 수는 있었다. 하지만 이 방법을 쓸 경우 2년에 한 번씩만 농사를 지어 수확할 수 있었다. 메소포타미아인들은 이런 손해를 받아들일 수 없었기에 매년 농사를 강행한 것으로 보인다.[57] 결국 그 땅은 사막화되었고, 그렇게 된 데는 그들의 과오가 주요 원인이었다고 볼 수 있다.

14.
달라진 사막화의 양상

기후 변화로 새로운 동력을 얻은 사막화

세계사에 기록된 과거의 사막화는 대부분 일부 건조한 지역에서만 일어났다. 이에 비해 1960년대 이후 일어나고 있는 사막화는 그 양상이 사뭇 다르다. 우선 사막화가 일어나는 지역이 과거에 비해 다양해지고, 건조한 지역뿐 아니라 아마존 열대 우림과 같이 습한 지역에서도 일어난다. 사막화가 진행되는 속도도 달라졌다. 과거에는 매우 느리게 진행되어 짧아도 수십 년이 걸렸고, 긴 경우에는 수백 년에 걸쳐 서서히 일어났다. 하지만 근래에는 길어야 이삼십 년, 짧으면 사오 년 만에도 한 지역이 사막화된다. 예를 들면 중국에서는 지난 50년 동안 54,000제곱킬로미터 이상의 땅이 사막화되었다.[58] 다시 말해, 한국 면적의 절반에 해당하는 땅이 불모지로 변했다는 것이다. 그곳에 살던 수백만 명의 사람이 사막화의 난민이 되어 다른 지역으로 이주했다. 고비 사막(Gobi Desert)은 지금도 인접 지역의 마을과 밭들을 삼키며 팽창하고 있다.

　근래에 와서 사막화 양상이 이렇게 달라진 이유는 기후 변화와 밀접한 관련이 있다. 지구 전체가 점점 더워지면서 기후에 비정상적인 변화가 일어나고 있다. 그 결과 많은 지역에서 강수량이 심각하게 줄어들었다. 유례없는 가뭄이 닥친 것이다. 이런 가뭄을 이기려면 땅을 깊이 파서 암반을 뚫어 지하수를 개발하거나, 대규모의 관개 시설을 만들어 다른 지역에 있는 강물을 끌어와야 한다. 그렇게 하려면 높은 수준의 기술을 도입해야 하고, 상당한 비용을 들여 공사를 해야 한다. 안타깝게도 사막화를 겪고 있는 지역들은 대부분 그럴 형편이 못 되어 제대로 손을 써보지도 못한 채 시간만 흐르다 결국 사막화 선고를 받는다.

사막화의 새로운 플레이메이커

　사막화를 얘기할 때 빼놓을 수 없는 부분이 축산업이다. 근래에 와서 고기와 달걀 소비량이 크게 늘어나고 우유와 치즈의 소비량도 함께 증가했다. 2018년을 기준으로 육류와 낙농 제품 소비량은 50년 전에 비해 4배가량 증가했다.[59] 소, 돼지, 닭 등의 가축을 키우려면 땅이 필요하다. 목장과 축사와 닭장을 지을 땅뿐 아니라 이들을 먹일 사료를 생산할 땅도 필요하다. 생각보다 많은 땅이 가축을 기르기 위해 쓰인다. 십여 년 전 여름, 몬트리올에서 토론토와 시카고를 거쳐 위스콘신주의 매디슨(Madison)까지 왕복 3,200킬로미터를 차로 여행한 적이 있다. 그때 지평선까지 펼쳐진 옥수수밭의 거대한 규모에 깊은 인상을 받았다. 달려도 달려도 '이 큰 키의 초록색 식물로 가득한 밭'은 끝나지 않아 얼핏 사라지는 듯하다가도 금방 다시 나타나기를 반복했다. 결국 우리는 옥수수밭을 벗어나지 못한 채 목적지에 도착했다.

그렇게 넓은 땅에서 재배하는 그 옥수수 중에 사람이 소비하는 분량이 얼마나 되는지 궁금하다. 찌거나 구워 먹는 생옥수수, 통조림, 팝콘, 시리얼, 식용유, 음료나 과자에 첨가하는 시럽 등으로 소비하는 양을 모두 합쳐도 전체의 10% 미만이다. 그렇다면 그 많은 옥수수가 다 어디로 갈까? 동물의 입으로 들어간다. 미국의 경우, 생산하는 옥수수의 주된 소비 주체는 가축이다. 미국 농림부에 의하면 옥수수는 사료의 95% 이상을 차지한다. 대두, 수수, 귀리, 보리도 사료로 사용하지만 모두 합쳐도 전체의 5%를 넘지 않는다. 소와 돼지뿐 아니라 가금류의 주식도 옥수수다.[60] 캐나다와 유럽 등 다른 나라들에서도 사정은 크게 다르지 않다.

문제는 이 옥수수들을 대부분 8장에서 언급한 '공장식 농업'으로 생산하고 있다는 점이다. 많은 화학 비료를 주고 살충제와 살균제와 제초제로 뒤덮인 밭에서 자라고 수확한다. 옥수수를 재배하는 그 넓디넓은 밭들은 땅으로서의 생명력이 많이 약해졌다. 이 밭들이 당장 황무지로 변하는 것은 아니지만 사막화에 매우 취약해 가뭄 등 자연재해가 닥치면 사막화 제1순위다.

지구상에 있는 모든 땅의 면적은 대략 1억 5천만 제곱킬로미터인데, 그중 일부는 그린란드와 같이 꽁꽁 얼어 있거나 사하라 사막과 같이 모래로 덮여 있어 사람이 살 수 없다. 이런 불모지를 제외한 면적이 약 1억 제곱킬로미터로 이 땅을 '거주 가능 토지'(habitable land)라 한다. 이 거주 가능 토지 중 약 39%를 목축에 사용하고 있다. 물론 이 면적에는 가축이 풀을 뜯는 초장과 기거하는 축사뿐 아니라,

이들에게 먹일 사료를 생산하는 농토도 포함된다. 사람이 직접 먹는 곡식, 채소, 과일을 생산하는 토지는 전체의 12%에 불과하다. 거주 가능 토지 중 숲이 차지하는 비율이 31%인 것을 고려하면 가축에게 할당된 땅이 얼마나 넓은지 알 수 있다.[61]

사료를 재배하는 땅이 사막화에 취약한 이유는 앞에서 살펴보았다. 이어서 목축에 직접적으로 사용되는 땅이 사막화에 취약한 이유를 알아보자. 목장 면적에 적절한 숫자만큼 소나 양을 키운다면 땅은 이 동물들과 건강하게 공존할 수 있다. 가축은 풀을 뜯어 먹기만 하는 것이 아니라 자연스럽게 비료를 되돌려 주고, 이 천연 비료 덕분에 풀은 금방 다시 자란다. 그런데 현대 사회는 엄청나게 많은 고기와 우유와 달걀을 요구한다. 불어나는 수요에 따라 공급도 증가해 가축의 숫자는 폭발적으로 늘어났다. 이렇게 많은 가축을 쾌적한 환경에서 키우기에는 땅이 턱없이 부족하다. 자연히 목장들은 면적에 비해 지나치게 많은 가축을 키우게 되었다. 그 결과 가축은 풀이 자라기가 무섭게 뜯어 먹고 발굽으로 풀뿌리까지 짓밟아 맨땅이 드러나고, 이런 땅에서 표토가 쉽게 유실된다. 땅이 풀로 덮여 있지 않으니 가뭄이 오면 표토는 바싹 말라 바람에 불려 날아가고, 비가 많이 와도 흐르는 물에 표토가 씻겨 나간다. 이런 이유로 많은 목초지가 황무지로 바뀌고 있다.

소 떼가 아마존을 먹어 치우다

가축을 키울 땅을 찾던 사람들은 급기야 숲에까지 손을 대기 시작했다. 남미에서는 아름드리나무가 가득한 멀쩡한 숲을 중장비를 동원해 밀어 버리는 일이 곳곳에서 일어나고 있다. 소 기를 땅을 확보하기 위해서다. 지구의 허파로 불리는 아마존이 이런 식으로 깎여 나가고 있다. 최근 〈워싱턴포스트〉는 세계 최대 열대 우림인 아마존이 겪고 있는 수난을 분석한 기사에서 이렇게 지적했다. "아마존이 죽는다면 그것은 소고기 때문이다." 이 원시림을 죽이며 얻은 땅에서 생산된 소고기를 가장 많이 소비하는 나라는 브라질이며, 두 번째가 미국이다.[62]

유엔 식량농업기구가 2020년에 발행한 「세계 숲 자원 평가서」(Global Forest Resources Assessment)에는 우리의 눈을 의심하게 하는 내용이 있다. 1990년부터 2020년까지 30년 동안 전 세계에서 사라진 숲의 면적을 조사해 보니 무려 178만 제곱킬로미터나 되었다. 너무 큰 면적이라 나는 두세 번 해당 자료를 확인했다. 수치는 틀림없었다. 알래스카 면적에 해당하는 숲이 불과 30년 만에 사라졌다. 지금도 매년 47,000제곱킬로미터, 즉 한국 면적의 절반에 가까운 숲이 파괴되거나 고사하고 있다.[63]

이러다 남아나는 땅이 있을까?

국제 사회는 땅의 사막화가 인류의 안녕에 심각한 위협이 된다는 사실을 인식하고 이에 공동으로 대처하기로 했다. 1996년에 이런 목적으로 발족한 것이 '유엔 사막화방지협약'(United Nations Convention to Combat Desertification)이다. 이는 '기후변화협약', '생물다양성협약'과 함께 환경과 관련한 유엔의 3대 협약 가운데 하나다. 사막화방지협약이 2022년 봄에 「세계 토지 전망」(Global Land Outlook)이라는 제목의 보고서를 발간했다. 권위 있는 학자들과 전문가들이 참여해 21개의 파트너 기구와 함께 5년에 걸쳐 만들었다. 땅의 사막화에 관한 한 현시대의 가장 포괄적이며 정확한 보고서가 틀림없다. 저자들은 지구상에서 일어나고 있는 사막화의 실태를 면밀히 조사하고 그 원인을 분석했다. 이를 토대로 2050년까지 사막화가 어떻게 진행될지 예측했는데 그 내용이 심상찮다.

연구 보고서에 따르면 현재 지구상의 땅 가운데 40%가 이미 황폐해졌다. 사막화가 진행되어 불모지 판정을 받았다는 뜻이다. 세계 인구의 절반 가까이가 이로 인해 직접 혹은 간접적으로 피해를 당하고 있다. 만일 인류가 지금까지 살아온 방식대로 계속 살아간다면, 즉 지금과 같은 방식으로 공장형 농업을 계속하고 숲을 파괴하고 온실가스를 대량으로 배출한다면, 2050년까지 1,600만 제곱킬로미터의 땅이 추가로 사막화될 것이다. 불과 28년 만에 남아메리카 대륙만 한 땅이 불모지로 변할 것이라는 경고다. 농사지을 수 있는 땅이 대폭 줄어드니 덩달아 소출도 감소되어 식량 생산량은 현재보다 12-14%나 적어질 것이다.[64] 그때가 되면 인구는 현재보다 25%가량 늘어난 100억 명 정도가 될 텐데 식량은 줄어들 것이라니 이 난제를 어떻게 풀어야 할까?[65] 먼 미래에 관한 얘기가 아니다. 불과 한 세대 후에 그런 무서운 일이 일어날 것이라는 경고다.

현재 전 세계에서 일어나고 있는 사막화의 실태는 이처럼 심각하며 전망도 어둡다. 그럼에도 「세계 토지 전망」의 저자들은 아직 희망은 있다고 말한다. 이 희망의 불씨를 살리려면 세계인이 함께 문제의 심각성을 더욱 진지하게 받아들이고 사막화를 저지하기 위해 구체적인 행동에 나서야 한다.

황토 고원의 교훈

존 리우(John D. Liu)는 중국계 미국인으로 환경학자이자 다큐멘터리 제작자다. 1994년 그는 중국의 요청으로 사막화된 땅의 복원 사업에 참여했다. 문제의 땅은 황토 고원(Loess Plateau)의 한 부분으로 면적이 35,000제곱킬로미터에 달했다. 황하 중류에 자리 잡은 이 지역은 본래 농사가 최초로 시작된 비옥한 땅이고 중국 문명의 요람이었다. 그런데 오랜 세월 동안 황사에 덮이면서 사막화되었고, 주민들 대부분은 이미 다른 지역으로 떠났다. 존 리우가 처음 답사를 가서 보니 사방에 나무는커녕 풀 한 포기 보이지 않았다. 환경학자인 그가 보기에 세계에서 가장 심하게 말라 죽은 땅이었다. 그때 그는 자신의 남은 인생을 그 땅 회복에 바치겠다고 결심했다.

수많은 중국인 과학자가 동원되었고 해외 학자들도 많이 참여해 '황토 고원 복원 사업' 계획을 세우고 실행에 옮기기 시작했다. 세계은행(World Bank)이 재정적으로 지원했다. 과학자들은 강수량이 극히 적은 그 지역에 물을 댈 방법을 연구했다. 여러 시행착오 끝에 유용한 데이터가 축적되었고, 이에 기초해 지하수를 뚫고 수로를 만들었다. 많은 인력이 동원된 대규모 사업이었다. 그렇게 열심히 노력한 지 15년쯤 되자 비로소 변화가 찾아왔다. 밭에는 표토가 생성되어 작물이 자랄 수 있게 되었고, 나무들이 제대로 뿌리를 내리고 자라기 시작하면서 산들은 제법 푸른빛을 띠기 시작했다. 땅이 살아난 것이다! 토지가 회복되자 사람들이 돌아오기 시작했고 15년 전만 해도 아무도 살 수 없었던 그 땅이 이제는 많은 주민의 삶의 터전이 되었다. 이 사건은 사막화된 땅이라도 열심히 노력하면 되살릴 수 있음을 보여 주었다는 데 큰 의미가 있다. 동시에 그 일이 결코 쉽지 않으며, 큰 비용과 많은 수고와 긴 시간이 필요하다는 사실도 여실히 보여 주었다. 존 리우는 이 모든 과정을 카메라에 담아 〈황토 고원의 교훈〉(Lessons of the Loess Plateau)이라는 제목의 다큐멘터리로 제작해 발표했다.

15.
큰 구원과
작은 구원

다가오는 재난을 대비하는 일에서 요셉 시대 사람들은 현대인들보다 지혜로웠다. 오늘날 무서운 속도로 사막화가 진행되고 있는데도 대다수의 사람은 이를 진지하게 받아들이지 않는다. 뉴스나 다큐멘터리를 통해 문제의 심각성에 대해 보고 들을 때는 걱정도 하고 관심도 보이지만, 바쁜 일상에서 살아가다 보면 그 관심은 그리 오래 지속되지 않는다. 하지만 고대 이집트 사람들은 달랐다. 요셉을 통해 7년 대흉년이 예고되었을 때 그것을 진지하게 받아들였고, 왕으로부터 농부들까지 다 같이 힘을 합해 대비했다.

요셉은 믿음의 사람이었기에 파라오의 꿈을 통해 하나님이 주신 계시가 그대로 이루어지리라고 의심 없이 믿었다. 그럼에도 7년 대풍년이 실제로 일어나고 곧이어 7년 대흉년이 시작되는 것을 두 눈으로 똑똑히 보면서 무엇을 느꼈을까? 살아계신 하나님을 새삼스럽게 느끼며 그분에 대한 경외심으로 온몸이 떨렸을 것이다. 하나님의 말씀은 그대로 이루어지고 있었다! 그 말씀을 믿고 따르지 않았더라면 이집트라는 배는 대흉년이라는 풍랑을 견디지 못하고 난파하고 말았을 것이며, 흉년이 끝났을 때 살아남은 사람이 거의 없었을 것이 자명하다. 요셉도 살아남지 못하고 가나안에 있는 그의 가족들도 모두 아사했을 것이다. 이 무서운 기근에서 그와 그의 가족과 이집트 백성을 건져 내신 분은 실로 여호와 하나님이심을 잘 알았기에, 요셉의 마음에는 깊은 감동과 그분을 향한 뜨거운 감사가 있었다. 그래서 형들과의 해후에서 눈물이 채 마르기도 전에 하나님이 이루고 계신 '구원'에 대해 형들에게 자세히 말한다.

"하나님이 큰 구원으로 당신들의 생명을 보존하고 당신들의 후손을 세상에 두시려고 나를 당신들보다 먼저 보내셨나니"(창 45:7).

하나님이 실행하고 계신 구원은 '대흉년에서 야곱 가족의 목숨을 건져 주시는 구원'만이 아니다. 그것은 훨씬 더 차원이 높고 중대한 구원을 포함한다. 그래서 요셉은 하나님이 이루고 계신 이 구원을 '큰 구원'이라고 지칭한다. 대흉년에서 목숨을 부지하는 것보다 더 크고 중요한 구원이 무엇일까? 그것은 "당신들의 후손을 세상에 두시려고"라는 요셉의 말에 압축적으로 묘사되어 있다. 이 말대로 하나님은 7년 대흉년에도 야곱 집안의 대가 끊어지지 않게 해주신다. 물론 한 집안의 대가 이어지는 것은 중요하지만, 그렇다고 그것을 '큰 구원' 곧 대흉년에서 살아남는 구원보다 더 중대한 구원이라 부른다면 이는 너무 과한 표현이 될 것이다. 하지만 야곱의 집안은 달랐다. 대흉년에도 열두 아들 모두가 살아남고 그 자녀들도 살아남아 대를 이어 간 것을 두고 큰 구원이라고 불러도 지나치지 않다. 왜 그럴까? 하나님의 계획에 따르면 인류를 구원할 구원자가 이 집안에서 태어날 예정이기 때문이다.[66] 이 계획에 대해서는 좀더 설명이 필요하다.

하나님의 세상 구원 프로젝트

태초에 하나님은 우주를 아름답게 창조하셨다. 모든 생명체가 창조주의 빼어난 작품이었지만 그중에서 으뜸은 사람이었다. 사람은 피조물이지만 특별한 대우를 받아 창조주를 닮은 존재가 되었고, 인격을 부여받았기에 그분과 소통하고 교제하는 일이 가능했다. 그분은 사람을 사랑하셔서 '에덴동산'이라 불리는 파라다이스를 만들어주셨고, 이에 더해 창조하신 모든 피조 세계를 그들의 손에 맡기셨다. 그들과 교제하시며 그들을 통해 자신의 영광을 드러내고자 하는 계획은 차곡차곡 실현되고 있었다.

그러던 중 뜻밖의 불행이 찾아왔다. 사람들이 하나님 없이 사는 길을 택한 것이다. 그분을 의지해 살아가기를 거부하고 도도하게 독립을 선포했다. "내 인생 내 마음대로 살아갈 거니까 더는 간섭하지 마세요. 우리는 당신이 이제 필요 없습니다"라는 선언을 한 셈이었다. 사람은 하나님이 아니기에 그분과 비교할 수 없이 약하며 많은 한계를 가진 존재다. 하나님을 의지해 살아가도록 설계되어 그분을 의지하면 할수록 더 큰 자유를 누리고 더 큰 행복을 맛볼 수 있다. 그런 존재가 하나님을 거부했으니 결과는 비참했다. 하나님과 사람 사이의 관계가 깨지니 사람과 사람 사이의 관계도 도미노처럼 무너졌다. 아담과 하와 사이에는 커다란 금이 갔고 서로에게 회복하기 어려운 상처를 주고받았다.

하나님은 자신을 배신하고 법을 어긴 인류를 징계하지 않을 수 없어 그들을 파라다이스 밖으로 쫓아내시고 땅을 일구어 먹고살게 하셨다. 그들 때문에 땅도 저주받아 지력이 떨어지고 잡초가 무성하게 된 터라 농사는 쉽지 않았다. 더욱 슬픈 것은 모두가 언젠가는 죽어 흙으로 돌아가야 하는 존재가 되었다는 사실이었다. 징계는 무겁고 아팠지만, 그것은 단순히 '법을 어긴 것에 대한 처벌'이 아니었다. 징계의 목적은 사람들로 하여금 자신들의 잘못을 깨닫고 하나님께로 돌아오도록 하는 것이었다.

아담과 하와의 후손은 점점 번성해 그 숫자가 늘어났다. 세월이 흐르면서 인구는 더욱 늘어나 여러 부족국가와 도시국가들이 세워졌고 문명은 날로 발전했다. 하지만 사람들은 하나님께 무관심했고 점점 더 깊은 타락으로 빠져들었다. 세상을 창조하실 때 그분이 사람을 위해 세우신 멋진 계획은 이제 물거품이 된 것일까? 그렇지 않았다. 겉으로 잘 드러나지는 않았지만 그분은 자신이 세우신 마스터플랜에 따라 사람들을 당신께로 돌이키기 위한 작업을 차곡차곡 진행하고 계셨다. 그 첫 단계가 그분을 믿고 따르는 새로운 민족을 만드는 일이었다. 이를 위해 그분은 아브라함과 사라를 부르셨고, 세월이 흐르면서 이삭으로 또 야곱으로 대가 이어졌다. 야곱에게서 열두 아들이 태어나면서 새 민족의 근간이 구체적으로 만들어졌는데, 이들은 장차 이스라엘 열두 지파의 조상들이 될 사람들이다. 이스라엘 민족이 중요한 것은 그들이 만민을 구원할 하나님의 통로가 되기 때문이다.

그런 막중한 프로젝트에 부름받은 야곱의 열두 아들이 아사할 위기에 놓였다. 7년 대흉년이 일어난 것이다. 요셉이 미리 이집트로 가지 않았다면 그 집안이 어떻게 되었을까? 흉년에서 살아남지 못했을 것이다. 그렇게 되면 대가 끊어지고 인류 구원을 위한 하나님의 계획이 답보 상태에 빠지는 심각한 일이 발생할 수도 있었다. 하지만 그런 일은 일어나지 않았다. 하나님이 절묘한 타이밍에 요셉을 미리 이집트로 보내셨기 때문이다. 사람의 눈에는 형들이 그를 시기해 노예로 판 것이 전부인 일로 보일 수 있지만, 그 모든 사건 뒤에서 그분은 자신의 계획을 차질 없이 실행하고 계셨다. 야곱의 열두 아들은 모두 목숨을 보전했고 대는 이어졌으며, 세상을 구원하기 위한 그분의 계획은 흔들림 없이 실행되었다. 요셉은 이러한 사실을 잘 알았기에 그분이 하신 일을 '큰 구원'이라 불렀다.

대흉년보다 훨씬 심각한 위기

창세기 45장 7절에서 요셉이 "큰 구원"이라는 표현을 사용한 데는 또 한 가지 중요한 이유가 있다. 이는 그의 형들이 대흉년에서 구원받았을 뿐 아니라 '그것보다 훨씬 더 심각한 위기'에서 구원받았기 때문이다. 7년 대흉년보다 더 심각한 위기가 무엇일까? 그것은 하나님과의 관계 단절이다. 겉으로 보기에 형들은 하나님과 별문제 없이 연결되어 있고 그분을 믿고 따르는 것 같았다. 여호와를 믿는 가정에서 태어나 자랐고, 할례도 받았으며, 예배드리는 것에 익숙했다. 하지만 앞서 9장에서 서술한 바와 같이 창세기는 그들이 실제로는 하나님과의 관계가 끊어져 있음을 보여 준다. 형들의 성격은 거칠고 때로는 포악하기까지 했으며 추구하는 바가 지극히 세속적이었다. 하나님을 모르며 그분과의 관계가 단절된 채 살아가는 전형적인 세상 사람들의 모습이었다. 생명의 근원이신 그분과의 단절은 곧 메마름과 죽음을 의미한다. 아무리 비옥한 농토라도 하늘로부터 내리는 비가 끊어지면 사막화되어 죽은 땅이 되듯이, 아무리 건장한 사람이라도 하나님과의 관계가 단절되면 그 영혼에 사막화가 일어나 파멸을 피하지 못한다. 형들은 그 파멸 아래 있었다.

그러던 중 그때까지 한 번도 경험하지 못한 혹독한 시련인 대흉년을 통과하면서, 또 요셉이 꾸민 일련의 사건에 말려들어 모진 고난을 겪으면서, 형들은 하나님 앞에서 자신을 돌아보게 된다. 사람이 하나님과의 관계를 회복하려면, 즉 하나님께 돌아오려면 반드시 거쳐야 할 일이 있다. 그것은 자신이 그분 앞에서 죄인임을 깨닫고 시인하는 과정이며, 이 과정을 거쳐야만 하나님의 용서와 사랑을 깨닫고 구원으로 들어갈 수 있다. 대흉년 속에서 요셉이 꾸민 일을 겪으며 형들이 한 말들을 보면 그들이 이 과정을 거치고 있음이 드러난다.

특히 유다가 총리의 법정에서 베냐민을 변호하며 자신들의 죄에 대해 한 말은 대단히 인상적이다.

> "우리가 주인 어른께 무슨 할 말이 있겠습니까? 무슨 변명을 할 수 있겠습니까? 어찌 우리의 죄없음을 밝힐 수 있겠습니까? 하나님이 소인들의 죄를 들추어내셨으니, 우리와 이 잔을 가지고 간 아이가 모두 주인 어른의 종이 되겠습니다"(창 44:16, 새번역).

베냐민의 자루에서 은잔이 나온 이상 그들이 총리 앞에서 무슨 말을 할 수 있겠는가? 비록 결백하지만 그 결백을 증명할 방법이 없다. 무슨 변명을 할 수 있겠는가? 답답한 마음으로 자신들의 무죄함을 아뢰면서 유다는 이해하기 어려운 말을 했다. "하나님이 소인들의 죄를 들추어내셨으니…." 하나님이 그들의 죄를 들추어내셨다니, 그러면 은잔을 훔친 범인이 그들 중에 있단 말인가? 그렇지 않다. 총리의 은잔에 관해 그들은 결백하다. 그렇다면 하나님이 도대체 무슨 죄를 들추어내셨다는 말인가? 유다는 20여 년 전에 자신을 포함한 열 명의 형제가 요셉에게 저지른 범죄를 생각하고 있었다. 그 죄를 영구히 덮어 두고 싶었을 텐데 은잔 때문에 총리의 법정에 서니 그 악행이 생생하게 떠올랐다. 그래서 유다는 "하나님이 소인들의 죄를 들추어내셨으니…"라고 고백함으로써 자신이 그 죄를 범했음을 하나님 앞에서 인정했다. 나머지 아홉도 동일한 생각이었다.

여기서 우리는 형들이 '하나님 앞에서 죄인임을 깨닫고 시인하는 과정'을 통과하고 있음을 본다. 이런 과정을 거쳐 그들은 마침내 하나님을 인격적으로 만났다. 그분과 단절되었던 관계가 회복되기 시작한 것이다. 오랜 가뭄으로 말라 죽어 사막이 되어 있던 땅에 단비가 내리듯이, 생기 없이 바짝 말라 있던 이들의 영혼에 하늘의 단비가 내리기 시작했으니 곧 용서라는 단비였다. 덕분에 형들은 파멸에서 벗어났다. 물과 연결된 땅이 생기를 되찾아 열매를 맺듯이, 하나님과 연결된 그들의 인생에도 이제 전에 없던 열매들이 맺힐 것이다. 형들이 살아났다는 사실을 알게 된 요셉은 '그들에게 하나님이 하신 일'을 '큰 구원'이라 불렀다.

작은 구원과 큰 구원 사이에서

이와 같이 하나님과 단절되어 파멸에 처했던 사람이 그분을 만나 다시 연결되어 살아나는 것을 '큰 구원'이라 할 수 있다. 그러면 대흉년에서 구원받은 일은 무엇이라 부를 수 있을까? '작은 구원'이라 할 수 있다. 이는 대흉년에서 구원받음이 작은 일이라는 의미가 아니다. 그것도 대단히 큰일이지만 하나님과의 단절에서 구원받음이 지극히 큰일이기 때문에 이에 비하면 작은 일이라는 뜻이다.

작은 구원과 큰 구원 중 하나님이 사람들에게 궁극적으로 주시고자 하시는 구원은 당연히 큰 구원이다. 그런데 많은 사람이 큰 구원에는 별로 관심이 없고 작은 구원만 찾는다. 하나님을 믿는다는 사람들도 이런 우를 범하기 쉽다. 그분의 도움으로 흉년을 극복하고, 많은 소출을 얻고, 병에서 낫고, 사랑하는 사람과 결혼하고, 자녀를 얻고, 원하는 직장에 들어가고, 집을 마련하는 것 등은 모두 좋은 일이다. 하지만 우리가 이런 것만 추구한다면 문제가 있는데, 이 모든 것은 작은 구원에 불과하기 때문이다. 영적으로 볼 때 모든 사람은 사막이 되어 가는 세상에서 살고 있다. 큰 구원을 받지 못한다면 어느 누구든 그 인생이 메마를 수밖에 없고 궁극적인 파멸에서 벗어나지 못한다.

하나님은 사람들의 인생에 개입하셔서 그들이 크고 작은 사건을 통해 큰 구원의 중요성을 깨닫고 그것을 추구하도록 이끄신다. 하나님이 인류 구원 프로젝트를 시작하시며 아브라함과 사라를 부르시고 매사에 그분을 믿고 따르는 '믿음의 사람'으로 키우실 때 가장 많은 시간과 공을 들인 부분이 무엇일까? 끊임없이 작은 구원들을 추구하는 그들을 깨우치고 설득해 큰 구원의 가치를 알게 하고, 그것을 우선적으로 추구하도록 돕는 것이었다. 아브라함의 아들인 이삭과 그 아내 리브가, 이삭의 아들인 야곱과 그 아내 레아와 라헬을 양육함에서도 마찬가지였다. 그들은 빈번히 작은 구원과 큰 구원을 잘 구별하지 못하고 본성적으로 작은 구원에 집착했다. 주님은 때로는 달래고 때로는 꾸짖으시며 그들이 큰 구원의 가치에 눈을 뜨고 그것을 추구하도록 인도하셨다. 다음 장에서는 이 과정을 살펴보고자 한다.

5부

요셉의
조상들이 받은
큰 구원

16.
아브라함이 바란
작은 구원

아브라함은 고대 메소포타미아 남부의 도시 우르(Ur)에서 나고 자랐다. 유프라테스강 가에 자리 잡은 이 도시는 수메르인들이 건설했다. 달신 '난나'(Nanna)를 숭배하기 위해 세운 거대한 신전인 지구라트(ziggurat)를 중심으로 사람들이 모여 살았다. 강은 물을 넉넉히 공급해 주고 비옥한 충적토까지 날라다 주었기 때문에 농사가 무척 잘 되었다. 덕분에 우르는 풍요를 누렸고 메소포타미아 문명을 꽃피우는 데 큰 역할을 했다.[67]

오늘날 지도에서 찾아보면 우르는 이라크에 있다. 황량한 황무지에 지구라트만 덩그러니 남아 있고 사람은 살지 않는다. 그토록 번영을 누렸던 도시가 왜 황무지로 변했을까 하는 의문이 절로 생기는데, 그 답은 강의 역사가 들려준다. 현재 유프라테스강은 우르에서 16킬로미터나 떨어져 있다. 강의 동선이 변하면서 우르에서 점점 멀어졌고, 그 결과 이 고대 도시는 사막화의 제물이 되었다.[68] 학자들은 이런 비극이 기원전 450년경에 일어난 것으로 추정한다.[69] 기원전 4,000년경에 건설되어 무려 3,500년이 넘는 긴 시간 동안 번성했던 우르가 사막화 때문에 몰락했으며, 더구나 거의 2,500년이 지난 오늘까지 이 땅이 여전히 황무지로 남아 있다는 사실은 우리에게 분명한 교훈을 준다. 물이 제대로 공급되지 않으면 땅은 사막화되어 죽는다는 것과 한 번 죽은 땅을 살리기는 대단히 어렵다는 사실이다.

약속을 믿고 여호와를 따르다

아브라함은 기원전 20세기 무렵 사람이니, 우르가 한창 번영을 이룰 때 그곳에 살았다. 당시 대부분의 사람이 그러했듯이 아브라함의 아버지 데라는 여호와가 아닌 다른 신들을 숭배했다. 아브라함은 이처럼 신앙적으로 열악한 환경에서 나고 자랐다. 그러다 아버지 데라가 세상을 떠난 후 그의 인생에 큰 전환점이 오는데, 그것은 고향과 친척을 떠나 가나안 땅으로 가라는 여호와의 부르심이었다.

그에게 가나안은 머나먼 미지의 땅이었다. 아브라함의 주업은 목축이다. 가나안은 가축을 키우기에 적합한 땅일까? 목초지는 충분히 있을까? 혹시 맹수가 많지는 않을까? 그곳 주민들은 이민자를 환영할까? 치안 상태는 괜찮을까? 궁금한 것도 많고 걱정도 많았을 것이다. 오늘날은 인터넷 검색을 통해 이런 정보를 쉽게 얻을 수 있지만, 당시는 장거리를 오가며 장사하는 대상(caravan)을 통해 얻는 자투리 정보가 전부였다. 대가족을 이끌고 그런 미지의 땅으로 이주하는 일은 모든 것을 걸지 않으면 할 수 없는 큰 모험이었다.

그럼에도 아브라함은 가족을 이끌고 고향을 떠나 가나안으로 출발했다. 이런 결정을 할 수 있었던 근거는 여호와가 주신 약속이다.

"내가 너로 큰 민족을 이루고 네게 복을 주어 네 이름을 창대하게 하리니 너는 복이 될지라"(창 12:2).

그것은 그분이 아브라함과 사라를 통해 새로운 민족을 만들겠다는 언약이었다. 가짜 신들이 가득한 세상에서 유일한 참 신이신 여호와를 믿는 민족을 일으키겠다는 언약이며, 나아가 그들의 후손에서 인류를 구원할 메시아가 오실 것이라는 언약이었다.

이 약속이 이루어지려면 자녀가 있어야 하는데 사라는 불임이었다. 아이를 갖기 원하는 부모에게 아이가 없는 것은 가슴 아픈 일이다. 더구나 아브라함은 족장이었기에 작은 규모의 부족이긴 하지만 계승자가 필요했다. 아내는 60대, 남편은 70대가 되도록 자식이 없는 이 부부가 아이를 기다리는 마음은 간절했다. 오늘날 우리 사회에서는 자녀가 없는 것이 흉이 되지 않아 "무자식 상팔자"라는 말도 있다. 하지만 당시 사람들은 자식이 없는 부부를 보면 신이 내린 징계 때문에 그런 불행을 겪는다고 생각했기에, 이러한 사회적 통념 속에서 사라와 아브라함이 겪은 슬픔과 자괴감은 매우 컸다. 그런 상황에서 여호와가 주신 약속은 그들에게 큰 희망이 되었으며 이제 평생소원이 이루어지게 된 것이다.

사실 그분의 약속은 아브라함에게 자식 몇 명을 주는 것보다 훨씬 스케일이 크다. 그의 후손을 통해 '하나님의 백성 이스라엘'을 만들고, 특별한 후손이신 메시아를 통해 온 세상을 구원할 길을 여시겠다는 약속이기 때문이다. 아브라함이 이 위대한 약속의 의미를 처음부터 전부 이해한 것 같지는 않다. 그러나 '후손을 주겠다'는 부분은 잘 이해했고 거기에 마음이 꽂혔다. 고향을 떠나 여호와를 따라 가고자 결심할 때도 약속의 이 부분이 크게 작용한 것 같다.

누가 지극히 큰 상급인가?

가나안에 도착해 보니 다행히 그곳은 목축하기에 괜찮은 땅이었다. 아브라함은 신자로서 성실하게 살았다. 하나님께는 믿음을 지켰고 주위 사람들에게는 선을 베풀었다. 그런데 시간이 흘러도 사라에게는 아이가 들어설 기미가 보이지 않았기에 마음은 조급해졌고 차오르는 두려움과 불만을 견디기 어려웠다. '여호와를 믿어도 왜 아이가 생기지 않을까? 혹시 내가 그분께 무슨 죄를 범해 벌을 받고 있는 것은 아닐까? 자식이 없다는 수치를 평생 벗지 못하는 건 아닐까?' 이런 상념이 그를 괴롭혔던 것 같다. 그때 하나님이 찾아와 말씀하셨다.

> "이후에 여호와의 말씀이 환상 중에 아브람에게 임하여 이르시되 아브람아 두려워하지 말라 나는 네 방패요 너의 지극히 큰 상급이니라" (창 15:1).

그분은 다정하게 아브라함의 이름을 부르시며 두려워하지 말라고 하신다. 무엇에 대한 두려움인지 이어지는 대화에서 그 정체가 드러난다. 평생 자식 없이 살지도 모른다는 두려움이다. 그는 하나님의 약속을 믿고 기다릴 만큼 기다렸다고 생각하는데 아무런 징후도 없으니 약속이 깨진 것으로 여겼고 두려움에 빠졌다. 이러한 아브라함을 안심시키기 위해 그분은 "두려워하지 말라"고 하신다. "나는 약속을 파기한 적이 없으며 반드시 지킬 것이니 두려워하지 말라"는 뜻이다.

이에 더해 그분은 "나는 너의 방패"라고 하신다. 주님은 아브라함에게 "내가 네게 튼튼한 방패를 주마"라고 하지 않으셨다. "내가 너의 방패다"라고 하셨다. 하나님이 직접 그의 방패가 되신다. 누군가가 혹은 무엇인가가 아브라함을 해치려면 먼저 여호와라는 방패를 뚫어야 하는데, 그것은 단연코 불가능한 일이다. 하나님은 이처럼 확실히 그를 보호하고 계신다.

그뿐 아니라 하나님은 "나는 너의 지극히 큰 상급"이라고 하신다. 여기서 '상급'으로 번역된 히브리어 명사는 '사카르'(שָׂכָר)인데, '어떤 수고에 대한 보상(reward)이나 보수(wage)'를 의미한다.[70] 그동안 열심히 신앙생활을 한 아브라함은 아들을 그 보상으로 받기를 원했다. 그가 볼 때 현재 그에게 가장 큰 보상은 아들인데, 주님은 아들이 아니라 그분 자신이 가장 큰 보상이라고 하신다. 이는 의미심장한 말씀이다. 그 시대에는 종교생활을 열심히 하는 사람이 많았고 그 사람들 대부분은 여호와가 아닌 다른 신들을 섬겼다. 이들은 힘써 신전을 짓고, 정성껏 제물을 바치고, 정기적으로 기도를 드렸다. 그렇게 하면서 자기들의 신에게 무슨 보상을 기대했을까? 밭에는 소출이 풍성하고, 들에는 가축이 늘어나며, 집에는 일곱 아들과 세 딸이 태어나 건강하게 자라고, 전쟁을 하는 족족 이기며, 무병장수하는 그런 종류의 보상이었다. 그런데 사실상 아브라함이 여호와께 바란 보상이 그 시대 사람들이 자기들의 신에게 바란 보상과 크게 다르지 않다. 이건 심각한 문제다.

하나님은 이런 그를 찾아오셔서 흔들어 깨우셨다. 아들을 큰 보상으로 여기고 거기에 목을 매고 있는 아브라함이 정신을 차리도록 깨우신 것이다. 진짜 큰 보상이 무엇인지 깨닫고 그것을 추구하도록 하시기 위함이다. 부모에게 자녀는 지극히 소중하지만 그럼에도 자녀가 평생토록 바라고 추구할 최고의 보상이 될 수는 없다. 사람이 바라고 추구해야 할 지고한 대상은 오직 하나님 한 분이시기에 그분에 비하면 자녀는 '작은 보상'이다. 자녀의 가치가 작다는 의미가 아니라, 하나님의 가치가 워낙 커 그분 앞에서는 자녀의 가치도 작아진다는 의미다. 작은 보상인 자녀에 집착할 때 큰 보상인 하나님을 놓치게 된다. 하나님을 놓치면 생명의 근원을 놓치는 것이니 자녀와 재산을 비롯해 원하는 것을 다 얻어도 인생을 헛살 수밖에 없다.

하나님이 아브라함에게 말씀하신 '큰 보상'은 창세기 45장 7절에서 요셉이 말한 '큰 구원'과 일맥상통한다. 하나님은 사람들이 큰 구원을 찾기 원하시며, 가장 큰 보상이신 그분 자신을 추구하기 원하신다. 그런데 사람들은 큰 구원에는 별로 관심이 없고 작은 구원들에 매달린다. 그것이 큰 구원이라고 믿으면서. 또 큰 보상이신 그분께는 그다지 매력을 못 느끼고 작은 보상들에게 강하게 끌린다. 그것이 가장 큰 보상이라고 믿으면서.

다른 번역, 같은 의미

자신이 가장 큰 보상이라고 말씀하시는 하나님 앞에서 아브라함의 반응이 궁금하지만, 그에 앞서 이 구절 곧 창세기 15장 1절 하반절의 번역과 관련된 문제를 간략히 짚고 넘어가는 것이 좋겠다. 이 말씀은 개역개정 성경과 새번역 성경에서 서로 다르게 번역되었다.

먼저 개역개정에는 이렇게 번역되어 있다.

"아브람아 두려워하지 말라
나는 네 방패요
너의 지극히 큰 상급이니라."

그리고 새번역에서는 이렇게 번역되었다."

"아브람아, 두려워하지 말아라.
나는 너의 방패다.
네가 받을 보상이 매우 크다."

방패에 관한 부분까지는 동일하지만 보상에 관한 부분은 꽤 차이가 난다. 개역개정은 "(나는) 너의 지극히 큰 상급이니라"라고 번역한 반면, 새번역은 "네가 받을 보상이 매우 크다"라고 번역했다. 왜 이런 차이가 날까? 히브리어 성경에서 하나님이 아브라함에게 하신 이 말씀은 삼행시로 되어 있다. 첫째와 둘째 행은 해석에 어려움이 없다. 하지만 셋째 행인 보상에 관한 부분은 히브리 시를 읽는 방법에 따라 뜻이 달라진다.[71] 개역개정처럼 읽을 수도 있고, 새번역처럼 읽을 수도 있다. 번역자들은 자신들의 견해에 따라 두 가지 중 하나를 선택해 번역했다. 이는 영어 성경도 마찬가지다. 예를 들어, New International Version(NIV)은 개역개정 성경과 같은 관점으로 번역했고, English Standard Version(ESV)은 새번역 성경과 같은 관점으로 번역했다.

두 가지 해석 중 어느 쪽을 따르는 게 좋을까? 어느 쪽을 선택하더라도 별문제가 없다. 궁극적인 뜻에는 큰 차이가 없기 때문이다. 새번역에 따르면 아브라함이 받을 보상이 매우 크다고 했다. 무슨 보상이기에 그렇게 클까? 여호와보다 더 큰 보상이 있을까? 아브라함에게 가장 큰 보상은 여호와이심이 틀림없다.

아들에 대한 집착

이제 이 말씀에 대한 아브라함의 반응을 보자.

"주 나의 하나님, 주님께서는 저에게 무엇을 주시렵니까? 저에게는 자식이 아직 없습니다. 저의 재산을 상속받을 자식이라고는 다마스쿠스 녀석 엘리에셀뿐입니다. 주님께서 저에게 자식을 주지 않으셨으니, 이제, 저의 집에 있는 이 종이 저의 상속자가 될 것입니다"(창 15:2-3, 새번역).

하나님이 직접 그를 찾아오셨는데도 반가움이나 존경을 표하기보다 먼저 불만부터 터뜨린다. 아들을 주신다는 약속을 믿고 기다릴 만큼 기다렸는데 그때까지 아무런 소식도 없는 데 대한 불만이다. 이에 더해 이제 자기도 나름대로 계획을 세웠음을 알린다. 언제 태어날지 모르는 아들 대신에 아들처럼 키운 종 엘리에셀을 양자로 입양해 상속자로 삼겠다는 계획이다.

아브라함은 '아들'이라는 작은 보상에 집착하고 있기에 하나님이 직접 "내가 네게 가장 큰 보상이다"라고 하셔도 그 말씀을 받아들이지 못한다. 아들이 아닌 그 무엇으로도 만족할 수 없는 것이다. "아들이 태어나기만 하면 실패한 내 인생에 극적인 반전이 일어날 텐데…. 불안이 다 떠나가고 든든함을 얻을 텐데…. 진정한 행복이 찾아올 텐데…" 문맥을 통해 그가 이런 바람을 가지고 있음이 드러난다. 아버지가 아들을 갖고자 하는 그 자체는 선하고 좋은 소원이며, 또 하나님이 먼저 아들을 주겠다고 약속하셨다. 그런데 아브라함이 아들에 집착하면서 하나님을 밀어낸 그 자리에 아들을 세웠고 아들은 그의 우상이 되고 말았다. 하나님 없이는 살 수 있지만 아들 없이는 못 사는 지경이 된 것이다. 사람이 누군가를 혹은 무엇인가를 하나님처럼 사랑하고 의지하고 추구할 때 우리는 그것을 우상이라 부른다. 큰 보상이신 하나님을 추구하지 않고 작은 보상에 집착하면 그것은 우상이 되고 만다.

제삼자의 입장에서 볼 때, 아브라함의 태도는 대단히 실망스럽다. 하나님께 약속을 빨리 지키시라고 보채며 조급증을 내고 있으며, 아들을 얻는 데 온통 마음을 빼앗겨 그분께는 별 관심이 없다. 그럼에도 주님은 아브라함에게 실망하거나 마음을 닫지 않으시고 변함없는 깊은 관심과 사랑으로 그를 다독거리며 설득하신다. 아들을 주신다는 약속을 재확인해 주고 그를 안심시키신다. 덕분에 아브라함은 마음을 추스르고 일어날 수 있었으며, 불신에서 벗어나 다시 그분을 신뢰하고 따라갈 수 있었다(창 15:4-6).

집착이 편법을 불러들이다

아브라함이 가나안 땅에 정착한 지 10년째 되던 해에 사라가 남편에게 이렇게 제안했다.

"주님께서 나에게 아이를 가지지 못하게 하시니, 당신은 나의 여종과 동침하십시오. 하갈의 몸을 빌려서, 집안의 대를 이어갈 수 있기를 바랍니다"(창 16:2, 새번역).

이 말을 하기까지 얼마나 머뭇거리고 자존심이 상했을까? 하나님의 약속을 받은 후 10년을 기다려도 아이가 생기지 않자 사라는 마침내 자기 여종 하갈을 남편에게 첩으로 주는 대안을 꺼내 들었다. 하갈이 아이를 낳으면 그 아이는 법적으로 사라의 아이가 된다. 고대 사회에서는 흔히 쓰는 방법이었다. 사라가 큰 아픔을 당하고 있고 궁지에 몰린 것은 사실이지만, 그럼에도 쓸 수 있는 방법이 있고 써서는 안 되는 방법이 있었다. 그녀가 선택한 것은 하나님을 믿는 사람이라면 사용해서는 안 되는 방법이었다.

사라가 이 제안을 했을 때 아브라함은 단호하게 거절하며 다음과 같이 말해야 했다. "여보, 당신 마음은 백번 이해하지만 여호와를 믿는 우리가 어찌 그런 편법을 쓸 수 있겠소? 그분은 나와 당신 사이에 자녀를 주실 거요. 약속을 믿고 좀더 기다려 봅시다. 내가 힘이 되어 줄 테니 함께 인내합시다." 그러나 아쉽게도 아브라함은 그 제안을 덥석 받아들였다. 여기서 아들에 대한 그의 집착이 얼마나 강한지 드러난다. 사람이 어떤 것을 우상으로 섬기면 분별력이 흐려지고, 우상이 된 그것을 얻기 위해 편법이나 불법도 사양하지 않게 된다. 그런 잘못을 범하면서도 자신의 행동을 곧잘 정당화하는데 아브라함이 그런 지경에 이르렀다.

우상에 이끌려 편법을 사용한 대가는 혹독했다. 하갈이 임신하자 자기 주제를 모르고 콧대가 높아져 주인마님인 사라를 무시하며 깔보기 시작했고, 충격을 받은 사라는 아브라함에게 앙칼지게 항의

하며 따졌다. 하갈이 교만해진 것은 그에게 책임이 있다는 판단에서다. 아브라함은 "당신 종이니 당신이 알아서 하시오"라며 무책임하게 뒤로 빠졌다. 상황이 이렇게 되자 사라는 작정을 하고 하갈을 학대했고, 견디다 못한 하갈이 가출하면서 사건은 걷잡을 수 없이 커졌다. 하나님의 천사가 개입해 사건은 일단락되었지만 후유증은 크게 남았다. 가족 관계는 뒤엉킨 실타래처럼 되어 버렸고, 하갈에게서 태어난 이스마엘은 아브라함 집안의 후환거리가 된다.

아브라함과 사라는 보통 부부가 아니다. 우상 숭배에 빠져 있는 온 세상 사람을 구원하려는 하나님의 원대한 프로젝트를 위해 부름받은 부부다. 하나님은 이 두 사람을 통해 우상 숭배에서 벗어난 민족, 여호와만을 경배하는 새 민족을 이루고자 하신다. 그런데 이 프로젝트의 실행은 험난하고 요원해 보인다. 아브라함과 사라는 부름받은 지 10년이나 되었으나 다른 이들을 우상 숭배에서 구제하기는커녕 자신들도 우상에서 벗어나지 못하고 있다. 가나안 사람들처럼 바알이나 아세라 신전에 들락거리지는 않았지만 아들을 우상으로 삼고 있다.

우상 숭배는 사람들이 흔히 생각하는 것보다 훨씬 광범위하게 일어난다. 아브라함과 사라에게서 보듯이 신자들도 우상에 발목을 잡히는 경우가 많다. 이 부부가 성숙한 신자가 되는 데 가장 큰 장애물이 우상이라 해도 과언이 아니다. 하나님이 이들을 양육하고 빚어 가시면서 가장 중점을 두신 부분이 우상과 관련된 부분이라 해도 지나친 말이 아니라는 뜻이다. 그분은 이 부부가 크고 작은 시련을 겪으면서 자신들 내면에 숨어 있는 우상을 발견해 내버리도록 이끄신다. 그들에게 가장 큰 보상이 다른 어떤 '무엇'도 아니고 다른 어떤 '누구'도 아니며 오직 여호와 하나님이심을 진정으로 깨닫고 받아들이도록 인도하신다.

  우상 숭배에 빠지지 않기 위해서는 먼저 우상에 대해 잘 알아야 한다. 우리 속에 숨어 있는 우상을 찾아내 내버리기 위해서도 우상에 대한 정확한 지식이 필요하다. 기독교인이 아니라도 흔히 쓰는 우상이라는 말의 참 의미를 이런 기회에 밝혀 두는 것도 의미 있을 듯하다.

17.
십계명과 우상

누구나 하나님을 알게 되면 그분의 말씀에 대한 사랑이 싹튼다. 다윗은 이렇게 노래했다.

> "내가 주의 법을 어찌 그리 사랑하는지요 내가 그것을 종일 작은 소리로 읊조리나이다"(시 119:97).

나도 스무 살 무렵에 거듭나면서 하나님과 그분의 말씀에 대한 사랑이 시작되었다. 설교를 듣거나 큐티를 하다 어떤 말씀에 감동을 받으면, 성경을 열어 그 말씀에 밑줄을 쳤다. 시간이 흐르면서 그렇게 밑줄 친 구절들이 늘어났고, 수시로 이를 읽고 묵상했다. 그 말씀들은 돌 위에 새겨진 글씨처럼 지금까지도 내 마음에 고스란히 남아 있다.

근래에 문득 깨달은 사실이 하나 있다. 수십 년 동안 그리스도인으로 살아오며 많은 말씀에 밑줄을 쳤는데, 십계명이 있는 페이지는 아무 표시도 없이 깨끗하다는 사실이었다. 물론 나는 이 계명들을 '아멘' 하며 받아들였고 지키고자 애써 왔다. 그런데 돌아보니 이 말씀에서 은혜나 감동을 받은 적은 없었다. 하나님이 구약 성경을 통해 주신 말씀들 가운데 가장 특별한 것은 논쟁의 여지없이 십계명일 것이다. 오직 이 열 가지 계명만 여호와가 직접 돌판에 기록하셨다. 십계명은 성경에 두 번이나 기록되어 있다. 이스라엘이 홍해를 건넌 후 시내산에서 처음 등장하고(출 20:1-17), 그때로부터 40년이 지난 후 그들이 가나안 진입을 앞둔 시점에서 다시 한번 언급된다(신 5:6-21). '주님은 십계명을 이처럼 소중히 여기시는데 왜 나는 이를 통해 은혜를 받은 적이 없을까?' 이런 의문을 가지고 있었는데, 성령님의 도우심으로 마침내 그 의문이 풀렸다.

문제는 나의 선입견이었다. 나는 이 법들을 잘 알고 있다고 생각했다. 줄줄 외우고 있는 이 계명들은 신앙 교육의 초보 과정에서 이미 습득한 것으로 믿었다. 그런데 팀 켈러(Timothy Keller)의 책 《팀 켈러의 내가 만든 신》(Counterfeit Gods)을 읽고 그 선입견이 무너져 내렸다.[72] 나는 십계명을 제대로 알지 못하고 있었다! 특히 첫째와 둘째 계명을 '수박 겉핥기' 식으로 알고 있었음이 드러났다. 나의 무지를 인정하고 다시 겸손한 자세로 돌아가 이 계명들을 반복해 읽고 묵상했다. 참고서적들의 도움을 받으며 이 계명에 들어 있는 메시지를 캐기 시작했다. 이런 과정에서 마음에 서서히 감동이 밀려왔다. 처음으로 십계명을 통해 은혜받는 순간이었다.

선입견을 내려놓고 어린아이와 같은 자세로 다시 십계명을 본다. 첫째 계명은 이것이다.

"나는 너를 애굽 땅, 종 되었던 집에서 인도하여 낸 네 하나님 여호와니라 너는 나 외에는 다른 신들을 네게 두지 말라"(출 20:2-3).

여호와 외에 다른 신들, 곧 어떠한 우상도 섬기지 말라는 말씀이다. 둘째는 이것이다.

"너를 위하여 새긴 우상을 만들지 말고 또 위로 하늘에 있는 것이나 아래로 땅에 있는 것이나 땅 아래 물 속에 있는 것의 어떤 형상도 만들지 말며 그것들에게 절하지 말며 그것들을 섬기지 말라"(출 20:4-5a).

어떠한 모양의 우상도 만들지 말며 그것들에게 경배하지 말라는 말씀이다. 첫째와 둘째 계명은 모두 가짜 신들 곧 우상과 관련된 것이다. 왜 하나님은 우상 숭배를 이렇게 철저히 경계하실까? 하나님은 많은 법을 그분의 백성에게 주셨다. 그 근본 목적은 '사람이 그것을 듣고 지켜 생명을 얻는 것'이다(레 18:5). 따라서 우상 숭배를 금지하는 첫째와 둘째 계명의 목적도 우리로 하여금 진정한 생명을 얻게 하고 더 풍성히 얻게 하는 것이다.

모세 시대에는 우상 숭배가 만연해 있었다. 이집트에서는 태양신, 메소포타미아에서는 달의 신을 섬겼다. 이스라엘이 이주해 들어갈 가나안에서는 바알과 아세라가 대표적인 우상이었다. 고대 그리스와 로마 문화권에는 훨씬 더 많은 신이 있었고, 이들에게 제사하기 위한 신전이 도시마다 세워졌다. 그중에 파르테논 신전처럼 지금까지 남아 있는 것도 적지 않다. 사람들에게 '우상 숭배'에 대해 얘기하면 "그런 건 고대 사회에서나 있었던 거잖아요"라고 반응하는 사람이 대부분이다. 현대인들 중에 신전에 가서 자기의 신들에게 제사하는 사람은 소수에 불과하다. 그렇다고 첫째와 둘째 계명은 고대 사람들에게만 해당되고 이 시대 사람들과는 상관없는 말씀이라고 생각할 수는 없다. 분별력을 가지고 살펴보면 이 시대에도 수많은 우상이 있고, 대부분의 사람이 자기가 좋아하는 우상을 섬기고 있다는 사실을 알 수 있다.

로마에서는 비너스, 그리스에서는 아프로디테로 부른 여신이 있다. 미와 사랑의 신이며, 여성의 성적 아름다움과 사랑의 욕망을 관장하는 신으로 알려져 있다. 당시에는 많은 사람이 이 여신의 신전에서 제사를 드렸지만, 오늘날 제물을 바치고자 비너스의 신전을 찾는 여성은 없다. 하지만 많은 여성이 얼굴과 몸매에 지나치게 집착해 거기에 돈과 시간을 과하게 쏟아붓는다. 그러다 거식증 같은 식이장애에 걸리기도 하고 우울증에 빠지기도 한다. 이들은 비너스를 직접 숭배하는 것은 아니지만, 사실상 '외모지상주의'라는 비너스의 변종에게 절하고 있다. 오늘날 제물을 바치고자 비너스의 신전을 찾는 남성은 없지만, 성적 쾌락에 지나치게 집착해 돈과 시간을 쏟아붓는 남성은 많다. 전 세계적으로 많은 남성이 음란물에 빠져 있다. 여성들 중에도 음란물을 소비하는 이들이 있지만 남성의 비율이 훨씬 높다. 음란물에 매여 있는 사람들은 직접 비너스를 섬기는 것은 아니지만, 그 변종인 포르노그래피를 받들고 있는 것이다.

우상의 본질

우상 숭배에 빠지지 않기 위해서는 무엇보다 먼저 우상의 본질을 알아야 한다. 적을 알아야 전쟁에서 승리할 수 있듯이, 우상을 알아야 영적 전투에서 승리할 수 있기 때문이다. 하나님은 십계명을 주시면서 우상의 본질을 정확히 밝히셨다(출 20:1-17). 그것은 다음 세 가지로 요약될 수 있다.

첫째, 우상의 종류는 셀 수 없을 정도로 많으며 무엇이나 우상이 될 수 있다.[73] 구체적으로 어떤 것이 우상이 될 수 있을까? 둘째 계명을 다시 보자.

"너를 위하여 새긴 우상을 만들지 말고 또 위로 하늘에 있는 것이나 아래로 땅에 있는 것이나 땅 아래 물 속에 있는 것의 어떤 형상도 만들지 말며"(출 20:4).

하늘에 있는 것, 땅에 있는 것, 물속에 있는 것은 무엇이든 우상이 될 수 있다. 다시 말해, 이 세상에 있는 모든 것이 우상이 될 수 있다. 돈, 성공, 권력이 우상이 될 수 있음은 우리가 잘 알고 있지만, 생각하지도 못한 것들이 우상의 목록에 들 수도 있다. 부모에게는 자녀가 우상이 될 수 있고, 남편은 아내에게 또 아내는 남편에게 우상이 될 수 있다. 전문직에 종사하는 사람에게는 일이 우상이 될 수 있고, 애국자에게는 나라가 우상이 될 수 있다. 심지어 선교사에게는 선교가 우상이 될 수 있고, 목회자에게는 목회가 우상이 될 수 있다.

사람들은 대개 '본래부터 나쁜 것이 우상이 된다'는 생각을 가지고 있다. 우상은 우상화되기 전에는 대부분 좋은 것이기에, 앞서 열거한 우상들도 그 자체는 모두 좋은 것이다. 예를 들어, 부모에게 자녀는 좋은 것이며 하나님이 주신 최고의 복 가운데 하나이지만, 만일 부모가 하나님에게서 찾아야 할 만족과 기쁨을 아이에게서 찾는다면 그것은 근본에서 벗어난 것이다. 이는 마치 궤도를 이탈한 열

차와 같다. 자신들의 존재 가치와 삶의 의미를 하나님에게서 찾지 않고 아이에게서 찾는 것 역시 마찬가지다. 이 모두 아이가 부모에게 우상이 되어 버린 것이다. 그렇게 되면 부모만 불행해지는 것이 아니라 아이도 불행해진다.

둘째, 사람은 자신의 우상을 자기 스스로 만든다. 생각보다 엄청나게 많은 사람이 우상을 만든다. 외롭고 허전하기 때문이다. 사람이 느끼는 영혼의 외로움과 허전함은 오직 하나님만 채워 주실 수 있다. 그런데 이런 원리를 무시하고 그분을 찾지 않을 때 사람은 우상을 만들게 된다. 한 우상에 실망하면 또 다른 우상을 만들고, 최악의 경우 여러 우상을 전전하다 우상 숭배에서 벗어나지 못한 채 인생을 마감한다.

셋째, 사람은 우상을 숭배하고 있으면서도 그 사실을 깨닫지 못한다.[74] 아브라함에게 "당신은 아들을 우상으로 섬기고 있습니다"라고 말해 주면 아니라고 펄쩍 뛰며 이렇게 말할 것이다. "나는 아들 하나 얻기를 간절히 바랄 뿐입니다. 아비로서 당연한 것 아닙니까? 하나님도 내게 아들을 주겠다고 약속하셨습니다. 그런데 내가 아들을 우상으로 삼는다는 건 말도 안 되는 소립니다." 아브라함이 무슨 신전을 들락거리는 것도 아니고, 아들의 형상을 만들어 놓고 그 앞에 절하는 것도 아니다. 하지만 그 마음의 중심, 하나님을 모셔야 할 그 자리를 아들에게 내어 줌으로 아들이 자신에게 우상이 되었다는 사실을 모르고 있다. 이와 같이 사람들은 각종 우상을 섬기면서도 그 사실을 모른다. 그렇기 때문에 우상에서 벗어나기는 더욱 어렵다.

개츠비와 피츠제럴드

1925년 스콧 피츠제럴드(F. Scott Fitzgerald)가 발표한 장편 소설이 있다. 출판된 지 거의 100년이 지났는데도 이 소설은 아직도 많이 팔린다. 미국에서만 매년 30만 권 이상이 팔리고, 많은 고등학교에서 필독서로 선정되었다. 이 소설은 《위대한 개츠비》(The Great Gatsby)다. 미국 최대 출판사인 랜덤 하우스(Random House Inc.)는 20세기에 영어로 쓰인 위대한 소설 100권을 선정했는데 이 소설이 2위에 올랐다.

소설의 주인공은 가난한 청년 제이 개츠비다. 그는 데이지라는 아가씨를 사랑한다. 그런데 1차 세계대전이 일어나고 그가 입대해 유럽으로 간 사이에 데이지는 톰이라는 부자를 만나 결혼한다. 큰 충격을 받은 개츠비는 데이지가 자기를 떠난 이유를 생각하다 모든 것이 돈 때문이라는 결론을 내린다. 이에 수단과 방법을 가리지 않고 돈을 벌어 큰 부자가 된다. 데이지에 대한 미련을 아직 버리지 못한 그는 그녀와 남편이 사는 집 근처로 이사 온다. 큰 저택을 사들인 후 그곳에서 매주 파티를 열어 이웃들을 초대한다. 이 모든 것이 데이지를 만날 기회를 얻고 그녀의 관심과 사랑을 되찾으려는 노력이다. 사실 데이지와 남편 톰 사이에는 문제가 많다. 톰은 데이지 몰래 만나는 여자까지 있다. 데이지는 옛 애인인 개츠비에게 관심을 보이지만, 그렇다고 남편을 버리고 그에게 갈 마음은 없다. 톰은 개츠비가 자기 아내를 넘보고 있음을 안다. 우여곡절 끝에 톰이 개츠비를 죽음으로 몰아넣는다. 개츠비의 장례식이 열린다. 그의 넓은 인맥에도 고작 서너 명만 참석한다. 데이지조차 장례식에 오지 않고 남편과 여행을 떠나 버린다. 개츠비는 꿈을 꾸고 그 꿈을 이루기 위해 최선을 다해 노력하며 살았다. 그는 분명히 자수성가한 사람이었

다. 하지만 그의 꿈은 실현되지 않았다.[75]

이 소설에 등장하는 사람들은 모두 깊은 외로움의 문제를 안고 있다. 개츠비의 외로움은 부자가 되어도 해결되지 않았다. 데이지만 얻으면 외로움에서 벗어나리라 믿었지만 그것은 환상에 불과했다. 고작 몇 사람만 덩그러니 모인 개츠비의 장례식은 그가 얼마나 외로운 사람이었는지를 보여 준다. 《위대한 개츠비》는 우상과 관련한 성경의 가르침을 이해하는 데 많은 도움이 된다. 개츠비는 데이지를 사랑했으나 자신도 모르는 사이에 그녀를 자신의 우상으로 만들었다. 부를 추구하다 부지중에 부 또한 우상으로 만들었다. 우상은 중독성이 강한 데다, 아무리 사랑과 열정을 다 바쳐도 사람의 영혼을 채워 주지 못하고 오히려 더 피폐하게 만들 뿐이다. 데이지에 대한 사랑 자체는 나쁜 것이 아니고, 돈도 그 자체는 나쁜 것이 아니다. 문제는 개츠비가 하나님은 추구하지 않은 채 사랑과 돈만 추구했다는 것이다. 하나님만 채우실 수 있는 그 영혼까지 사랑과 돈으로 채우고자 했다.

피츠제럴드는 인간이 가진 근본 문제를 예리하게 파악하고 섬세한 필치로 묘사한 위대한 작가였다. 하지만 외로움의 문제에 대한 해답을 제시하지는 못했다. 《위대한 개츠비》는 피츠제럴드의 자전적 소설로, 그는 주인공 개츠비를 통해 자기 이야기를 들려준다. 가난한 집안 출신인 그는 상류사회에 진출하기 위해 부단히 노력했다. 그는 소설에 승부를 걸었고, 첫 소설 《낙원의 이쪽》(This Side of Paradise)이 베스트셀러가 되면서 돈과 명성을 얻고 드디어 상류사회 진출에 성공했다. 동경하던 여인 젤다와 결혼도 했다. 사실 젤다는 피츠제럴드가 가난할 때는 청혼을 거절했다 그가 하루아침에 유명한 작가가 되어 성공하자 마음을 바꿨다. 사랑하는 젤다를 얻었음에도 그는 외로움에서 벗어나지 못하고 방황하다 결국 알코올 중독자가 되었다. 예상외로 죽음은 일찍 그를 찾아왔다. 피츠제럴드는 44세에 심장마비로 생을 마감했다.[76] 기독교의 영향력이 강한 미국에서 살았으나, 그가 회심하고 그리스도를 받아들였다는 기록은 아쉽게도 찾아볼 수 없다. 세상의 관점에서 보면 그는 빼어난 작가였지만, 십계명이라는 거울에 비추어 보면 우상 숭배자였다. 우상 숭배는 피츠제럴드와 같이 특별한 사람만 맞닥뜨리는 문제가 아니다. 시대와 장소를 막론하고 수많은 사람이 이 심각한 문제에 빠져 있다.

18.
이삭 내려놓기

　아브라함은 우상 숭배에서 쉽게 빠져나오지 못했다. 사실 그의 힘과 노력만으로는 불가능한 일이었으나, 다행히 하나님이 깊숙이 개입하셔서 그가 우상에서 벗어나도록 도와주신다. 그 과정의 클라이맥스 서사는 그야말로 압권이다.

　세월이 흘러 아브라함과 사라의 나이는 각각 100세와 90세가 되었다. 사라는 이미 갱년기에 들어섰고 의학적으로 아이를 갖는 일이 불가능해졌다. 그러나 하나님의 약속은 물거품이 되지 않았다. 그분은 자신의 때가 되자 약속을 실행하셨고, 사라는 임신해 아들을 낳았다. 불가능한 가운데 하나님의 능력으로 태어난 이삭은 사라와 아브라함에게 큰 기쁨을 안겨 주었다. 이제 아브라함과 사라가 받아야 할 신앙 교육은 끝난 것 같았다. '믿음과 순종의 학교'를 졸업해도 될 만큼 성장한 것 같았으나 사실은 그렇지 않았다.

　졸업하기 위해서는 반드시 이수해야 할 과목이 아직 하나 더 남아 있었다. 이삭이 소년으로 자랐을 무렵, 하나님이 아브라함을 시험하시려고 그를 부르셔서 말씀하셨다.

"네 아들 네 사랑하는 독자 이삭을 데리고 모리아 땅으로 가서 내가 네게 일러 준 한 산 거기서 그를 번제로 드리라"(창 22:2).

하나님이 내신 시험 문제는 이삭에 관한 것이다. 이삭이 누구인가? 25년이라는 긴 세월 동안 아브라함을 양육하시고 훈련하신 후에 주님이 주신 아들이다. 그런 아들을 다시 데려가겠다고 말씀하신다. 이해하기도 받아들이기도 어려운 말씀이다.

주님은 단순히 "네 아들 이삭"이라고 하지 않고, "네 아들, 네가 사랑하는 외아들 이삭"이라고 말씀하신다. 아브라함이 이삭을 얼마나 아끼고 사랑하는지를 잘 보여 주는 대목이다. 동시에 그가 잘못하고 있는 것이 슬며시 드러나는 대목이기도 하다. 혹시 아브라함이 하나님보다 아들을 더 사랑하는 게 아닐까? 지금까지 열심히 믿음으로 살아온 진짜 이유가 하나님을 사랑해서가 아니라, 아들을 얻기 위해서는 아니었을까? 주님이 이삭과 관련해 아브라함을 시험하셨다는 사실이 암시하는 바가 있다. 아브라함이 자기도 모르는 사이에 하나님보다 이삭을 더 사랑하고 있다는 사실이다.

이삭은 아브라함과 사라가 오랜 세월 인내 가운데 여호와를 따르며 피운 꽃이라 할 수 있다. 그들의 신앙생활이 헛되지 않았음을 보여 주는 빛나는 열매. 이 아들을 통해 장차 큰 민족이 만들어지고 하나님의 약속이 이루어질 것이다. 아브라함에게 이삭은 삶의 보람이요 의미가 되었고, 기쁨과 행복의 원천이 되었다. 아이와 사랑을 나누고 아이를 양육하는 일이 가장 중요해졌다. 이제 그가 살아가는 이유는 '여호와'인 동시에 '이삭'이다. 아니, 그 마음은 여호와보다 이삭에게 더 끌리고 있다. 어느새 아들에 대한 사랑은 '숭배'로 변질되어 갔다. 다시 말해, 여호와가 아니라 이삭이 아브라함의 희망과 기쁨의 원천이 되어 가고 있었다는 것이다.

이런 식으로 관계가 계속되면 심각한 문제가 발생한다. 아버지는 아들이 더 멋지고 더 유능하고 더 완벽한 아이로, 소년으로, 청년으로 성장하길 바라고 그렇게 요구할 것이다. 부모의 절대적인 신뢰와 사랑의 대상이 될 정도로 유능하고 완벽한 자녀가 있을까? 세상에 그런 자녀는 없다. 아버지가 그렇게 높은 기대를 가지고 있는데 자꾸만 아들이 거기에 못 미치는 모습을 보이면 어떻게 될까? 아버지는 자기가 원하는 수준까지 아들을 끌어올리기 위해 무리수를 둘 것이다. 사사건건 지나치게 간섭하고 똑바로 하라고 압력을 넣을 것이다. 아버지의 이런 압력을 견딜 수 있는 아들은 없다. 스트레스를 견디다 못한 아들은 아버지에게 마음을 닫고, 빨리 어른이 되어 아버지의 간섭에서 벗어날 날만 기다릴 것이 뻔하다. 이처럼 자녀에 대한 부모의 사랑이 '자녀 숭배'로 변질되면 끔찍한 결과가 일어나, 부모와 자녀가 모두 다치고 관계에는 커다란 금이 간다. 이런 비극을 막고자 하나님은 아브라함을 시험하시는데, 부드러운 시험으로는 문제점이 드러나지 않기에 거칠고 강한 시험으로 그를 몰아넣으신다. 그렇게 해야 아브라함이 문제의 심각성을 깨닫고 거기서 벗어날 수 있기 때문이다.

왜 장자가 죽어야 하는가?

이삭을 번제로 드리라는 말씀은 "네 아들을 나 여호와 앞에서 죽이라"라는 명령이다. 주님은 이유 없이 사람을 죽이라고 하지 않으신다. 모세를 통해 주신 율법에 의하면, 사람이 큰 죄를 범했을 때만 그에 대한 형벌로 사형을 명하셨다. 따라서 이 명령은 이삭이 사형에 해당하는 죄를 범했음을 암시한다. 아직 성인도 되지 않은 그가 도대체 무슨 죄를 저질렀을까?

물론 십계명을 비롯한 율법은 아브라함 때는 아직 존재하지 않았고, 그때로부터 400여 년이 지난 후 모세 시대에 주어졌다. 하지만 기본적인 법들은 아브라함 시대 훨씬 이전에 이미 주어졌다. 그는 여호와의 계명과 율례와 법도를 잘 알고 있었다(창 26:5). 아브라함은 노아의 첫째 아들인 셈의 후손이다. 노아로부터 아브라함까지 이어지는 족보가 창세기 11장에 기록되어 있다. 그는 노아 시대에 있었던 대홍수에 대해 잘 알고 있었다. 그 시대 사람들은 심하게 타락해 마음과 생각이 항상 악했다. 성적인 타락과 폭력이 만연했고, 그런 악을 행하면서도 자신들이 잘못하고 있다고 생각하지 않았다. 이런 타락의 한가운데 우상 숭배가 있었음은 물론이다. 하나님은 오래 참으셨으나 때가 되자 그들을 처벌하지 않을 수 없으셨다. 예고하신 대로 대홍수를 일으키시고 악을 행한 모든 이의 생명을 거두어 가셨다. 다만 그분을 경외하며 말씀에 순종해 방주를 지은 노아와 그 가족들의 생명은 보존해 주셨다.

소돔이 심판받는 과정을 통해 아브라함은 더욱 분명히 죄의 대가가 무엇인지 보았다. 성적으로 타락하고 폭력을 수시로 사용하는 소돔 사람들은 여호와를 우습게 알았으며, 이 모든 타락의 중심에는 역시 우상 숭배가 있었다. 하늘에서 유황과 불이 떨어져 순식간에 모든 소돔 거민이 죽는 것을 보며 아브라함은 그분의 공의를 똑똑히 목도했다.

아브라함은 본래 우상을 숭배하는 가정에서 자랐고(수 24:2), 하나님의 부르심을 받은 후에도 '아들에 대한 간절한 소원'을 우상으로 삼기를 반복했다. 하나님의 약속을 믿지 못하고 하갈과 동침해 이스마엘을 낳았으며, 이삭이 태어난 후에는 그 아들이 아브라함에게 우상이 되었음이 문맥을 통해 드러난다. 우상 숭배에 대한 벌은 사형이다(출 22:20). 그 외에도 아브라함의 죄는 많기에, 그는 하나님 앞에서 확실히 죄인이며 그의 부족 전체가 죄인이다. 하나님을 따른다고 그들의 죄가 자동적으로 사라지는 것은 아니다. 하나님은 그들에 대한 징계를 보류하고 뒤로 미루셨을 뿐이다. 언제라도 거룩하신 하나님이 법대로 징계하겠다고 하시면 그들은 꼼짝없이 벌을 받아야 한다.

하나님이 아브라함을 시험하시며 하신 말씀에는 "이제 내가 너와 네 집에 대한 처벌을 시행하겠다"라는 메시지가 들어 있다. 그런데 왜 이삭의 목숨만 요구하실까? 구약 성경은 곳곳에서 맏아들이 그가 속한 집안의 대표자임을 알려 준다(출 13:12-13). 이삭은 아브라함의 맏아들로서 집안의 대표자이기에, 원칙대로 하면 모든 가족 구성원이 다 죽어야 하지만 하나님은 대표자 한 사람이 죽는 것으로 대신해 주겠다고 하신다. 그래서 이삭의 생명을 거두어 가겠다고 하신 것이다.

출애굽기에 기록된 이집트에 내린 열째 재앙은 사실 재앙이라기보다는 '심판'이다. 파라오와 그의 백성은 여호와 앞에서 죄인이며 심판받아 마땅하다. 그들 모두가 사형을 당해야 하는데 주님은 '각 집을 대표하는 맏아들'만 치셨다(출 12:29). 그날 밤 이스라엘 백성은 왜 심판을 받지 않았을까? 그들은 죄가 없었기 때문일까? 그들도 죄인이다. 다만 그들은 하나님의 말씀대로 문설주에 어린 양의 피를 발랐기 때문에 장자의 죽음을 피할 수 있었다.

하나님이 손수 마련하실 것이다

이삭을 번제로 바치라는 명령 앞에서 아브라함은 의외로 차분했다.

> "아브라함이 아침에 일찍이 일어나 나귀에 안장을 지우고 두 종과 그의 아들 이삭을 데리고 번제에 쓸 나무를 쪼개어 가지고 떠나 하나님이 자기에게 일러 주신 곳으로 가더니"(창 22:3).

그는 말씀에 순종해 아들을 데리고 모리아산을 향해 떠났다. 누구든 자기 아들을 번제로 바쳐야 하는 상황에 처한다면 정신을 차리기 어려울 만큼 혼란스럽고 고통스러울 것이다. 그것도 노년에 얻은 외아들이라면 더 말할 것도 없다. 무슨 수를 써서라도 아들을 살리려 할 것이고, 분노를 터뜨리며 "나는 이제 더는 여호와를 믿지 않겠다"고 소리를 지를 수도 있다. 혹은 아들을 데리고 먼 나라로 이사해 버릴 수도 있다. 그런데 아브라함은 그의 내면에 이는 큰 떨림을 가라앉히며 차분히 순종한다.

그의 태도와 말에서 우리는 적어도 두 가지 사실을 알 수 있다. 첫째, 아브라함은 자기 아들 이삭의 생명을 거두어 가시겠다는 주님의 명령을 받아들였다. 하나님의 법에 따르면 자기와 자기 집안사람 모두가 죄인이라는 사실을 그는 알고 있었고, 주님이 법을 집행하겠다고 하시면 하는 수 없이 그에 따른 처벌을 받아야 함도 알고 있었다. 족장으로서 아브라함은 장남이 그 집안을 대표한다는 '대표자의 원리'도 알고 있었음이 분명하다. 따라서 이삭을 번제로 바치라는 명령을 받았을 때 큰 충격을 받았지만, 그것이 자신과 집안사람들의 죄 때문이라는 사실을 금방 알아차렸다.

둘째, 그가 아는 여호와는 '공의의 하나님'이시면서 동시에 '사랑의 하나님'이시다. 번제를 드릴 산 근처에 이르러 그는 하인들에게 이렇게 말했다.

"너희는 나귀와 함께 여기서 기다리라 내가 아이와 함께 저기 가서 예배하고 우리가 너희에게로 돌아오리라"(창 22:5).

이것은 빈말이 아니다. 그가 지금까지 알아오고 경험한 여호와는 죄를 엄히 다루시지만 그런 중에도 사랑으로 충만하신 분이시다. 아브라함의 이 말은 어떤 확고한 믿음에서 나온 것이다. 그것은 곧 주님이 이삭을 사형에 처하고자 모리아산으로 부르셨지만 그를 구원할 계획도 가지고 계실 것이라는 믿음이다. 그래서 하인들에게 "예배 곧 번제 드린 후에 아들과 함께 너희에게로 돌아오겠다"고 말했다.

산으로 올라가면서 이삭과 나눈 대화에서도 이러한 기대와 믿음이 드러난다. "불과 나무는 있는데 번제할 어린 양은 어디 있어요?"라는 아들의 물음에 그가 대답했다.

"내 아들아 번제할 어린 양은 하나님이 자기를 위하여 친히 준비하시리라"(창 22:8a).

이것도 빈말이 아니다. 아브라함은 구체적인 것은 잘 몰랐지만, 이런 상황에서도 하나님이 이삭의 생명을 보존하시리라는 믿음을 가지고 있었다. 이삭은 하나님이 친히 약속하시고 주신 아들이기 때문이다. 또 일찍이 하나님은 아브라함에게 다음과 같이 말씀하셨다.

"이삭에게서 네 자손이라 불릴 자손들이 태어날 것이다"(히 11:18b, 새번역).

이 기대는 빗나가지 않는다. 이삭을 결박해 제단 나무 위에 놓고 칼로 찌르려는 순간, 여호와의 천사가 급히 나타나 그의 손을 막았다. 아브라함이 고개를 들고 살펴보니 근처에 숫양 한 마리가 있었다. 자세히 보니 뿔이 수풀에 걸려 오도 가도 못하고 있었다. 이삭을 대신해 번제로 드릴 제물을 주님이 친히 마련해 주신 것이다.

하나님은 천사를 통해 이렇게 말씀하셨다.

"네가 네 아들 네 독자까지도 내게 아끼지 아니하였으니 내가 이제야 네가 하나님을 경외하는 줄을 아노라"(창 22:12b).

하나님은 이제야 아브라함이 그분을 경외하는 줄 안다고 하신다. 이는 그가 이전에는 여호와를 전혀 경외하지 않다 이제야 경외하게 되었다는 의미가 아니다. 아브라함은 과거에도 여호와를 경외했다. 하지만 그 경외의 수준이 그분이 원하시는 단계에는 미치지 못했다. 그러다 이번에 치른 혹독한 시험을 통해 경외의 수준이 높아졌고, 주님으로부터 합격 판정을 받은 것이다.

여호와를 경외하는 자는 그분의 말씀이 주어졌을 때 그 앞에서 떨며 자신을 돌아본다. "이삭을 번제물로 바쳐라"라는 말씀은 공의의 하나님이 아브라함의 집안을 향해 심판을 시행하시겠다는 선언이었다. 이에 대한 아브라함의 반응을 구체적으로는 알 수 없으나, 분명한 것은 그가 이 말씀 앞에서 하나님을 경외했다는 사실이다. 다시 말해, 그는 떨며 자신을 돌아보며 죄를 깨닫고 회개했다는 것이다. 하나님보다 아들을 더 사랑한 죄를 깨달아 회개했으며, 이삭을 우상으로 섬긴 죄를 참회했다. 아브라함이 이삭을 데리고 모리아 산으로 가 그를 번제로 바치는 과정은 곧 '이삭이라는 우상'을 내버리는 과정이었다.

'경외'는 그분을 향한 두려움만을 의미하지 않는다. 두려움에 '믿음'이 깃들어 있어야 단순한 두려움을 넘어 '경외'로 승화될 수 있다. 그 믿음이란 넓게는 그분이 세상의 주권자(sovereign)이시며 그 통치가 언제나 선하시다는 믿음이요, 좁게는 그분이 나의 주권자이시며 그 다스림이 언제나 선하시다는 믿음이다. 히브리서 11장 17절은 아브라함이 시험을 받았을 때 이런 믿음에 기초해 이삭을 바쳤음을 확인해 준다.

"아브라함은 시험을 받을 때에 믿음으로 이삭을 드렸으니."

그의 믿음대로 이 시험을 통해서도 여호와의 선하심이 드러났다. 다음과 같은 두 가지 사실만 되짚어 봐도 그것을 알 수 있다. 첫째, 아브라함은 "네 아들을 번제로 드리라"는 여호와의 말씀에 백 퍼센트 순종했으나 이삭은 죽지 않았다. 칼끝이 목에 닿기 직전에 천사가 막았기 때문이다. 이로써 이삭을 통해 이어질 인류 구원 프로젝트도 흔들림 없이 진행될 수 있었다. 둘째, 아들을 너무 사랑하다 우상 숭배에 빠졌던 아브라함은 마침내 그 함정에서 벗어날 수 있었다. 여호와를 향한 그의 경외심은 크게 성장해 합격 판정을 받았다.

숫양이 이삭을 대신할 수 있나?

그런데 석연찮은 부분이 있다. 아브라함과 그 집안사람들은 분명히 우상 숭배의 죄를 범했다. 여호와의 법대로 하면 모두 처벌을 받아 죽어야 한다. 모두 죄인이기 때문이다. 하나님 편에서 많이 양보한다 해도 적어도 대표자인 이삭은 죽어야 한다. 그런데 누가 대신 죽었나? 숫양이다. 그 짐승 한 마리가 그 많은 사람을 대신할 수 있을까? 말이 안 되는 소리다. 양 일만 마리를 바친다 해도 한 사람의 목숨조차 대신할 수 없다. 만일 모리아산에서 바친 것이 숫양 한 마리뿐이라면, 아브라함과 그 집안사람들의 죄는 씻긴 것이 아니라 그대로 남아 있는 것이다. 그래서 언젠가는 그들이 자신들의 죗값을 지불해야만 한다.

모리아산에서 하나님이 천사를 통해 아브라함에게 하신 말씀 중에 이런 부분이 있다.

"또 네 씨로 말미암아 천하 만민이 복을 받으리니"(창 22:18a).

여기서 '씨'는 단수 명사로 '후손'(offspring)이라는 뜻이다. 그 많은 후손을 단수로 표현한 것은, 이것이 아브라함의 많은 후손 가운데 한 사람을 가리키기 때문이다. 그분은 아브라함의 후손을 통해 오실 메시아이시고 그분으로 인해 천하 만민이 복을 받는다. 모든 사람은 죄인으로 우상 숭배를 비롯한 심각한 죄를 범했다. 죄의 대가는 죽음이며 하나님께 버림받는 것이기에 각 사람은 마땅히 자기의 죄에 대한 값을 지불하지 않으면 안 된다. 그런데 메시아가 사람들을 대신해 하나님께 버림받고 심판받아 죽으심으로 그 값을 지불하셨다. 이것이 갈보리 언덕에서 일어난 예수님의 십자가 사건이다. 이로 인해 메시아를 믿고 따르는 자는 누구나 모든 죄를 용서받고 그분의 자녀가 되는 선물을 얻게 되었다. 이것이 곧 메시아로 인해 천하 만민이 받는 복이다.

그날 모리아산에서 바친 숫양 자체는 이삭이나 아브라함을 대신할 수 없다. 이 동물이 그들 대신 죄를 지고 가지 못한다. 숫양의 역할은 그로부터 약 2천 년 후에 오실 메시아의 희생을 미리 보여 주는 것이다. 숫양의 희생은 메시아의 희생을 상징한다. 메시아는 아브라함과 그 집안의 죄를 대신 지고 가실 수 있을까? 충분히 가능하다. 그분은 사람이시면서 동시에 하나님의 아들이시기 때문이다. 그날 아브라함은 숫양을 통해 장차 오실 메시아의 그림자를 보았다. 아브라함과 그 집안사람들이 죄를 용서받을 수 있었던 근거는 숫양이 아니라 그분의 희생이다.

19.
이삭과 리브가가 집착한 작은 구원

이삭은 아브라함과 사라의 슬하에서 신앙 교육을 잘 받고 자랐다. 마흔 살이 되었을 때 믿음 좋고 아름다운 리브가와 결혼하고, 아버지를 이어 부족의 지도자가 되었다. 모든 것이 순조로워 보였지만 이 가정에도 역경이 있었는데, 그것은 리브가의 불임으로 인한 것이었다. 부족의 지도자에게 자녀가 없다는 것은 심각한 문제이기에 이삭은 아내를 위해 여호와께 기도를 계속했고 무려 20년 만에 응답을 받았다.

그 긴 세월 동안 마음고생한 끝에 마침내 아이를 가진 리브가는 기쁨과 감사 가운데 몸조심하며 해산할 날을 기다렸을 것이다. 그런 중에 그녀는 특별한 일을 경험한다.

"그 아들들이 그의 태 속에서 서로 싸우는지라"(창 25:22a).

쌍둥이를 가졌는데 두 아기가 엄마 배 속에서 서로 싸우는 기이

한 상황이 벌어진 것이다. 그녀가 당황하고 어찌할 바를 몰라 기도하며 여호와께 물었더니 여호와께서 다음과 같이 말씀하셨다.

> "두 국민이 네 태중에 있구나 두 민족이 네 복중에서부터 나누이리라 이 족속이 저 족속보다 강하겠고 큰 자가 어린 자를 섬기리라"(창 25:23).

여기에는 몇 가지 예언이 들어 있지만, 그중 제일 중요한 것은 장차 오실 메시아에 관한 약속이다. 주님은 아브라함을 부르시고 그의 후손에서 '인류의 구원자'가 태어날 것이라 약속하셨다. 이 위대한 약속을 이삭이 상속했다. 당시 부족의 족장 자리는 장남이 물려받았으므로, 이삭을 뒤이어 이 약속을 상속받을 사람은 당연히 그의 장남이다. 그런데 주님은 "큰 자가 어린 자를 섬기리라"고 하셨다. 첫째 아들이 아니라 둘째 아들이 그 약속을 상속받을 것이라는 뜻이다. 첫째는 첫째대로 그에게 맞는 복을 주시는데, 그가 한 나라를 이룰 것이라 약속하셨다. 다만 '메시아를 세상에 보내는 인류 구원 프로젝트를 위해 선택받은 자'는 둘째 아들이라고 분명히 말씀하셨다.

리브가는 쌍둥이를 순산해 형에게는 에서, 동생에게는 야곱이라는 이름을 지어 주었다. 이삭 집안의 경사였다. 어느덧 에서와 야곱이 자라 성인이 되었다. 둘은 쌍둥이지만 서로 달랐다. 외모도 성격도 모두 달랐다. 활발하고 외향적인 에서는 노련한 사냥꾼이 되어 들에서 살다시피 했으나, 조심성 많고 내성적인 야곱은 집돌이가 되어 집 밖으로 나가는 일이 거의 없었다.

편애의 어두운 그림자

창세기 기자는 가족 구성원들의 관계를 서술하면서 이삭 집안에 고착된 문제 한 가지를 드러낸다.

> "이삭은 에서가 사냥한 고기를 좋아하므로 그를 사랑하고 리브가는 야곱을 사랑하였더라"(창 25:28).

그것은 바로 부모의 편애였다. 아버지는 장남 에서를 편애하고, 어머니는 차남 야곱을 편애했다. 부모의 편애는 자녀에게 큰 상처를 준다. 더욱이 이삭이 야곱보다 에서를 더 사랑한 이유는 무슨 거창한 것이 아니라, 에서가 사냥한 고기로 만드는 별미를 좋아했기 때문이었다. 그가 음식의 유혹에 상당히 약한 것을 알 수 있다. 그것은 부족의 족장으로서의 도량이나 품격에는 한참 못 미치는 아버지의 모습이었다. 야곱 편에서 생각하면 매우 억울했을 것이다. '하나님은 나를 아버지의 후계자로 택하셨는데 아버지는 왜 나에게는 무관심하고 형만 사랑하실까?' 이런 고민을 수시로 했을 것이다. 아버지에 대한 사랑과 신뢰도 금이 가고 원망하는 마음도 컸을 것이다. 아버지의 사랑과 인정을 받지 못한 야곱은 나중에 이로 인해 크게 방황하게 된다.

세월이 흘러 나이가 많아진 이삭은 죽기 전에 에서를 축복하고자 이렇게 말했다.

> "내가 이제 늙어 어느 날 죽을는지 알지 못하니 그런즉 네 기구 곧 화살통과 활을 가지고 들에 가서 나를 위하여 사냥하여 내가 즐기

는 별미를 만들어 내게로 가져와서 먹게 하여 내가 죽기 전에 내 마음 껏 네게 축복하게 하라"(창 27:2-4).

하나님이 메시아에 대한 약속을 이어받을 후계자로 야곱을 택하셨고 이 사실을 분명히 알려 주셨음에도, 이삭은 에서를 자기를 계승할 부족의 족장으로 세우고자 한다. 메시아에 대한 약속을 에서가 물려받길 원한 것이다.[77] 하나님의 분명한 말씀이 있었음에도 에서를 고집하는 것을 보면 그는 분별력을 잃었을 뿐 아니라, 지나치게 에서에게 집착함으로 하나님의 계획까지도 방해하고 있다. 아울러 자기도 모르는 사이에 에서가 그의 우상이 되어 있음이 드러난다. 이삭은 그 인생 전체를 볼 때 훌륭한 믿음의 사람이다. 흉년이 들었을 때 하나님의 말씀에 순종해 이집트로 내려가지 않고 그분이 지시하시는 땅에 머물렀으며, 힘들게 판 우물을 여러 번 이웃 부족에게 양보할 만큼 통이 크고 너그러운 사람이었다. 그럼에도 그는 자신도 모르는 사이에 아들을 우상으로 섬기는 죄를 범하고 있었다.

이삭이 에서를 축복하려 한다는 말을 엿들은 리브가는 사실 남편을 설득했어야 했다. "하나님이 분명히 둘째를 택하셨잖아요. 당신이 축복해 후계자로 세울 아들은 에서가 아니라 야곱이에요"라고 분명히 말했어야 했다. 그런데 그녀는 남편에게는 아무 말도 하지 않고 야곱과 '비상 대책 회의'를 열어 이삭을 속일 작전을 짜고 실행에 옮겼다. 모자는 이삭의 두 가지 약점, 곧 어두운 눈과 식도락 기질을 이용하기로 했다. 그렇게 해서 야곱이 에서인 척하며 아버지에게 가서 축복을 받고 후계자로 세움받았다.

여기서 우리가 주목해야 하는 것은 리브가가 남편과 장남을 속였다는 사실이다. 어머니의 모의에 가담하기를 주저하는 야곱에게는

"엄마가 책임질 테니 염려 말고 내가 시키는 대로만 해" 하고 설득하며 아버지를 속이게 만들었다. 리브가도 분별력을 잃고 야곱에게 지나치게 집착함으로 어느새 야곱을 우상으로 삼고 있음이 드러난다.

우상 숭배의 결과는 무서운 것이어서, 이로 인해 집안에 험한 풍파가 일어난다. 사냥에서 돌아온 에서는 야곱에게 속은 사실을 알고 노기충천해 그를 죽이기로 작정했고, 이 사실을 알게 된 리브가는 그제야 남편과 의논하고 야곱을 멀리 도피시키기로 결정했다. 도피처는 하란에 있는 리브가의 친정으로 결정되었다. 세월이 약이니 한두 해 지나면 에서의 분이 가라앉을 것이고, 그때 야곱이 집으로 돌아오면 된다는 계산이다. 하지만 그 도피가 사랑하는 둘째 아들과의 영원한 작별이 될 것을 리브가는 알지 못했다. 하란에서의 체류는 예상외로 길어져 무려 20년을 넘긴다. 야곱이 고향 집으로 돌아왔을 때는 리브가가 이미 세상을 떠난 뒤였다.

자녀가 우상이 되었을 때 이삭과 리브가의 집안에는 이런 심각한 갈등과 분열이 일어났다. 창세기는 이삭과 리브가의 가정이 우상 문제로 어떤 어려움을 겪었는지 적나라하게 드러내면서 독자들에게 일종의 경고를 보낸다.

밭에서 잡초를 제거할 때 잎사귀만 뜯어내면 겉으로는 잡초가 보이지 않아 문제가 해결된 것 같다. 하지만 한두 주 지나면 밭에는 다시 잡초가 무성해지고, 뿌리가 남아 있는 한 잡초는 없어지지 않는다. 수고스러워도 뿌리까지 뽑아야 잡초를 제대로 제거할 수 있다.

많은 사람이 '남에게 말하기 어려운 죄'를 가지고 있다. 이삭처럼 지나치게 음식을 탐닉하는 사람도 있고, 리브가처럼 자녀를 편애하는 사람도 있으며, 야곱처럼 자기 이익을 위해 가까운 이를 속이는 사람도 있고, 에서처럼 한 번 화를 품으면 끝장을 보고자 하는 사람도 있다. 예배에서 은혜를 받으면 우리는 대개 이렇게 결단하며 기도한다. "주님, 이제 이 죄에서 벗어나기를 원합니다. 이길 힘을 주시옵소서." 하지만 며칠이 못 되어 다시 그 죄에 넘어지는 경우가 태반이다. 무엇이 문제일까? 그 뿌리를 뽑지 않았기 때문이다. 어떤 죄를 이기기 위해선 그 뿌리를 뽑아야 하는데, 죄의 뿌리는 대부분 우상과 연결되어 있다. 성령님의 도우심을 구하며 자신의 마음에서 그 죄와 관련된 우상을 찾아내야 하며, 그것이 기생충과 같이 자신의 영혼을 갉아 먹고 있다는 사실을 깨달아야 한다. 그리고 그 우상을 내버리고 마음의 중심을 주님께 바쳐야 한다. 그래야 비로소 자신이 늘 끌려 다니던 그 죄에서 벗어날 수 있다.

20.
작은 구원에
인생을 걸었던 야곱

야곱은 장자권에 대한 집착이 컸던 반면, 에서는 이를 대수롭지 않게 여겼다. 이런 사실을 알고 있던 동생은 들에 나갔다 집으로 돌아온 형이 몹시 배고픈 것을 이용해 장자권을 거래하고자 했다. 야곱의 꾀에 넘어간 형은 죽 한 그릇에 자신의 장자권을 동생에게 넘긴다고 맹세했다. 물론 장자의 권리는 그런 편법으로 넘겨받을 수 있는 것이 아니다. 맏아들의 권리를 경홀히 여긴 에서에게도 문제가 있고, 이에 지나치게 집착한 야곱에게도 문제가 있다. 결국 야곱은 눈이 어두운 아버지를 속이고 장자에게 돌아갈 축복을 가로챘으나, 그것은 편법 정도가 아니라 인간의 도리를 짓밟은 심각한 사기다.

하나님은 태중에서부터 야곱을 선택하셨고 '메시아를 이 땅에 보내는 사역'에 아브라함과 이삭에 이어 그를 지명하셨다. 그렇다고 야곱이 이렇게 생각했다면 큰 오산이다. '어차피 하나님이 나를 장자로 택하셨으니, 조금 점잖지 못한 방법으로 아버지의 축복을 받았다고 그게 무슨 큰 잘못이겠어. 상황이 급박하게 돌아갔잖아. 아버지가 분별력 없이 형에게 장자권을 물려주고자 하시는데 그걸 보면서도 내가 가만히 있을 수는 없지. 나는 어차피 내게 돌아올 장자권을 조금 적극적으로 받았을 뿐이야.' 하나님은 비록 야곱을 택하셨으나, 그가 장자의 축복을 받기 위해 아버지와 형을 속인 일에 대해서는 그냥 넘어가지 않으신다. 주님은 여러 시련을 통해 그를 회개로 인도하시고, 거칠고 비뚤어진 성품을 다듬고자 하신다. 작은 구원에만 매달리는 그를 설득하셔서 큰 구원의 중요성을 알게 하시고 그것을 추구하도록 이끄신다. 야곱을 설득하는 데는 다른 사람들을 설득하는 것보다 훨씬 긴 시간이 필요했다. 그 길고 긴 설득의 과정이 창세기 27장부터 32장까지에 기록되어 있다.

처음으로 '나의 하나님'을 체험하다

에서가 야곱을 죽일 계획을 세우자 야곱은 급히 집을 떠나 하란으로 출발했다. 도중에 해가 져 그는 들에서 혼자 노숙해야 했다. 돌을 베개 삼아 누운 야곱의 심정은 두렵고도 혼란스러웠을 것이다. '형이 나를 쫓아오지는 않을까? 외삼촌은 나를 반갑게 맞아줄까? 혹시 외삼촌 집 사람들이 나를 무시하지는 않을까?' 근심과 걱정이 꼬리를 물고 일어났을 것이다. 누가 봐도 야곱의 신세는 처량하기 짝이 없다. 부유한 아버지 밑에서 풍족함 가운데 고생을 모르고 살던 그가 졸지에 도망자가 되어 낯선 땅에서 혼자 노숙하고 있다. 그렇다고 누구를 탓할 수 있는 형편도 아니다. 아버지와 형에게 부끄러운 짓을 함으로 자기가 스스로 고생을 자초했기 때문이다.

그러다 잠이 들었는데 놀랍게도 꿈에 여호와를 뵈었다. 야곱은 악하게 행했으나 주님은 그를 내버려 두지 않고 그곳까지 동행하셨다. 그분은 야곱에게 두 가지를 말씀하셨다(창 28:13-15).

첫째는 메시아를 통한 인류 구원에 관한 언약이다. 하나님은 이 언약을 물려받을 자로 야곱을 택하셨는데, 이는 그가 어머니 태중에 있을 때 일어난 일이다. 하지만 이제 그는 큰 잘못을 범했고 도망자가 되었으므로 더는 그런 약속에 어울리지 않는다. 그럼에도 주님은 그 약속이 여전히 유효하며 야곱을 통해 이루어 나갈 것이라고 확인해 주셨다.

둘째는 야곱 개인에 관한 약속이다. 여호와가 그와 함께 계시고, 떠나지 아니하시며, 어디로 가든지 보호하셔서 무사히 고향으로 돌아오도록 도와주시겠다는 약속이다. 야곱으로서는 든든하기 그지없는 내용이 아닐 수 없다.

야곱은 하나님을 만난 감격에 놀라 한밤중에 잠에서 깨어났다. 하나님이 자신과 동행하신다는 사실에 경외감과 감격에 휩싸인 그는 이렇게 고백한다.

"여호와께서 과연 여기 계시거늘 내가 알지 못하였도다 이에 두려워하여 이르되 두렵도다 이곳이여 이것은 다름 아닌 하나님의 집이요 이는 하늘의 문이로다"(창 28:16-17).

다음 날 아침 일찍 일어난 야곱은 그 땅에 '벧엘' 곧 '하나님의 집'이란 이름을 붙이고 기도를 드렸는데, 이는 그분이 주신 약속에 응답하며 드린 기도다. 이 기도에서 하나님께 대한 그의 자세가 어떠한지 드러난다. 야곱은 '메시아에 관한 약속'에는 별다른 관심을 보이지 않고, '주님이 자신을 지키고 보호해 주신다는 약속'에는 뜨겁게 마음이 움직였다. 여호와께 대한 그의 신앙이 아직 미숙함을 알 수 있다. 그러나 이 만남은 야곱의 인생에 중요한 전환점이 되었다. '부모'의 하나님이 아니라 '나'의 하나님을 처음으로 경험한 사건이기 때문이다.

라헬에게 전부를 걸다

멀고 험한 길이었지만 하나님은 약속하신 대로 야곱을 보호하시며 인도하셨고, 덕분에 그는 외삼촌 라반의 동네에 무사히 도착했다. 야곱이 우물가에서 잠시 숨을 돌리며 마을 사람들과 얘기를 나누는 사이에 라반의 딸 라헬이 양 떼를 몰고 물을 먹이러 왔다. 야곱과 라헬의 첫 만남은 이렇게 이루어졌고, 그때부터 라헬은 야곱에게 특별한 존재가 되었다.

라반은 조카를 뜨겁게 환영하며 맞아주었고, 낯선 환경임에도 야곱은 소극적으로 시간만 보내지 않고 적극적으로 집안일을 도왔다. 한 달이 지났을 때 야곱이 마음에 쏙 든 라반이 그를 불러 급여에 관한 얘기를 꺼냈다. 비록 외삼촌과 조카 사이지만 무보수로 일을 하게 할 수는 없으니 보수를 어떻게 주면 좋을지 물었을 때 야곱은 주저하지 않고 대답했다.

> "제가 칠 년 동안 외삼촌 일을 해드릴 터이니, 그 때에 가서, 외삼촌의 작은 딸 라헬과 결혼하게 해주십시오"(창 29:18, 새번역).

이 대답은 야곱이 라헬에게 푹 빠졌음을 보여 준다. 라헬을 향한 그의 사랑은 뜨겁다 못해 과열된 감이 있다. 당시 풍습에 따르면, 남자가 여자를 아내로 맞이하기 위해서는 딸을 주는 것에 대한 보답으로 여자의 집에 결혼 지참금을 내야 했다. 수중에 돈이 없었던 야곱은 지금부터 7년 동안 외삼촌 집에서 열심히 일하는 품삯으로 지참금을 대신하겠다고 제안하는 것이다.

당시 결혼 지참금은 대략 30-40세겔 정도였는데, 이는 3년 내지 4년 치 품삯에 해당되었다.[78] 그런데 야곱은 거의 그 두 배 가까운 7년 치 품삯을 모아 드리겠다고 제안했다. 어떤 값을 치르더라도 라헬과 반드시 결혼하겠다는 그의 강한 의지가 엿보인다. 동시에 그가 라헬에게 지나칠 정도로 집착하고 있다는 사실도 언뜻 드러난다.

라반은 그 제안을 받아들였고 야곱은 신이 나서 열심히 일했다. 7년이 지난 후에 그가 라반에게 말했다.

> "내 기한이 찼으니 내 아내를 내게 주소서 내가 그에게 들어가겠나이다"(창 29:21).

남자가 여자의 부모에게 가서 결혼 승낙을 받고자 할 때 '정중하게' 말하는 것은 기본 중의 기본이다. 그런데 야곱의 말은 정중함과는 거리가 멀었다. 그가 한 말을 직역하면 이렇다. "약속한 기한이 다 되었습니다. 라헬을 제게 아내로 주십시오. 이제 제가 그녀와 잠자리를 같이하려 합니다." 히브리 문학에 정통한 로버트 알터(Robert Alter) 교수에 따르면, 야곱의 이 말에는 라헬과 성적 관계를 맺고 싶어 안달하는 모습이 고스란히 드러나 있다고 한다.[79] 그 시대 사람들은 품위를 중요하게 여겼기에 사위가 장인에게 이런 식으로 말한다면 크게 결례를 범하는 일이다. 라헬에 대한 야곱의 '집착'이 그를 어떤 사람으로 몰아가는지를 잘 보여 주는 대목이다.

야곱이 왜 이렇게 라헬에게 집요하게 매달릴까? 그가 라헬에게 집착하는 정신적 배경을 살펴볼 필요가 있다. 7년 연봉이면 상당히 큰돈인데 그 돈의 일부가 라헬에게 돌아가는 것도 아니며 몽땅 라반의 차지가 될 뿐이다(창 31:15 참조). 그럼에도 그 큰 금액을 아낌없이 드리겠다고 거침없이 말한다. 여기서 드러나는 중대한 사실 하나가 있다. 그것은 야곱이 라헬을 '사랑하는 여인, 그래서 꼭 결혼하고 싶은 여인' 이상의 존재로 여기고 있다는 사실이다.

야곱에게는 결핍된 것이 많았다. 그는 아버지의 사랑과 인정을 제대로 받지 못했고, 가장 친밀해야 할 쌍둥이 형과는 원수지간이 되었다. 어머니 리브가의 사랑을 많이 받았지만 갑자기 집을 떠나는 바람에 어머니와 헤어져야 했다. 부유한 족장의 아들로 태어났지만 도망자가 되어 빈손으로 이역만리 하란으로 왔다. 가족도 잃고 재산 상속도 물 건너갔기에 누가 봐도 그는 실패한 사람이다. 이러한 야곱이 라헬을 만나자 그녀를 사랑할 뿐 아니라 그녀에게 몰입한다. 자신의 모든 것을 걸고 라헬을 얻고자 한다. 라헬을 실제 그대로 보지 않고 자신과는 격이 다른 존재로 보았고, 더구나 그녀와 혼인함으로써 자신의 격도 한 단계 높아질 것으로 믿었던 것 같다. 그래서 지참금도 두 배 가까이, 헌신 기간도 3년이나 더 늘린 것이다. '라헬만이 내 기쁨이야. 내 영혼의 빈자리를 일시에 채워 줄 수 있는 존재는 오직 그녀야. 라헬의 사랑이면 충분해. 나는 이제 바랄 것이 없어. 최고의 행복은 바로 여기에 있어. 라헬과 함께라면 나는 어떤 시련도 이겨내고 성공을 향해 힘차게 달려갈 수 있을 거야.' 그가 이와 같은 생각에 빠져 있음을 알 수 있다. 야곱은 자기도 모르는 사이에 '하나님만이 주실 수 있는 만족과 기쁨'을 라헬에게 기대하고 있으며, 그녀를 일종의 구원자로 여기고 있다. 이것은 우상 숭배다.

나는 목회 현장에서 청년들과 그들의 관심 분야인 연애에 대해 얘기를 나눌 때가 종종 있다. 내가 야곱을 예로 들며 "여러분의 연인이 우상이 되지 않도록 조심해야 해요"라고 조언하면 어떤 청년들은 웃으며 이렇게 대답한다. "저는 우상 숭배에 빠져도 좋으니 매혹적인 상대를 만나 로맨틱한 사랑을 한번 해보고 싶어요." 남녀가 서로 사랑하는 것은 좋은 일이며, 낭만적인 사랑은 아름답다. 하지만 한편이 다른 편에 집착해 그를 우상으로 삼을 때, 사랑은 변질되어 통제를 벗어난다. 우상이 되어 버린 사랑이 초래하는 결과는 사람들이 흔히 생각하는 것보다 훨씬 나쁘고 그 피해가 크다.

속이는 자가 속다

마침내 결혼 잔치가 열리고 야곱의 가슴은 기쁨으로 한껏 부풀어 올랐다. 저녁에 장인이 신부를 신랑에게 데려다주었을 때 그의 행복감은 극점에 올랐을 것이다. 그렇게 첫날밤이 지나고 다음 날 아침이 되었다. 잠에서 깨어나 눈을 뜬 야곱은 까무러칠 만큼 놀랐다.

"야곱이 아침에 보니 레아라"(창 29:25a).

장인이 사위를 완전히 속였다. 어두운 밤을 이용해 라헬처럼 꾸민 레아가 신방에 들어왔던 것이다. 레아는 라헬의 언니이며 외모에 뚜렷한 결점이 있었다. 야곱은 그녀에게 추호도 관심이 없었는데, 졸지에 자신의 사랑이나 희망과는 아무런 상관이 없는 레아의 남편이 되었다. 이 사건에서 우리는 야곱을 다듬고 키우시는 하나님의 손길을 볼 수 있다. 과거에 그는 형 에서처럼 꾸미고 들어가 아버지를 속이고 축복을 받았다. 속이는 데 능숙한 야곱이 이번에는 라반에게 감쪽같이 속았다. 그것도 자신이 써먹은 것과 거의 같은 수법에 당했다.

이 '사기 결혼 사건'은 라반이 일으켰지만 궁극적으로는 하나님의 섭리 가운데 일어났다. 이 사건에 담긴 하나님의 메시지는 한마디로 "회개하라"는 것이다. 그날 아침 야곱은 거의 틀림없이 7년 전 자기가 저지른 사건이 생각났을 것이다. 그때 자신에게 속은 아버지와 형이 느꼈을 배신감과 고통을 이제 조금이나마 이해할 수 있었을 것이다. 그렇다면 그는 이 일로 형과 아버지에게 사죄해야겠다고 생각했을까? 하나님 앞에서 자신이 형과 아버지에게 저지른 악행을 회개하고자 마음먹었을까? 이 사건을 통해 주님은 라헬에게 비정상적으로 집착하고 있는 야곱의 문제를 드러내셨지만, 야곱은 자신이 그런 문제에 빠져 있다는 사실조차 모르고 있었다. 다만 속은 것에 대한 분노만 솟구쳤을 뿐이다.

야곱은 라반에게 가서 따졌다.

"외삼촌이 어찌하여 내게 이같이 행하셨나이까 내가 라헬을 위하여 외삼촌을 섬기지 아니하였나이까 외삼촌이 나를 속이심은 어찌 됨이니이까"(창 29:25b).

라반은 전혀 미안해하지 않고 태연하게 대답했다.

"언니보다 아우를 먼저 주는 것은 우리 지방에서 하지 아니하는 바이라 이를 위하여 칠 일을 채우라 우리가 그도 네게 주리니 네가 또 나를 칠 년 동안 섬길지니라"(창 29:26-27).

언니보다 동생을 먼저 시집보낼 수 없어서 그렇게 했으니 이해하라는 뜻이다. 장인은 라헬도 야곱에게 줄 테니 걱정하지 말라면서 이에 대한 보답으로 자신을 위해 7년 더 일하라고 제안했다. 억울하지만 라헬을 결코 포기할 수 없었던 야곱은 그 제안을 받아들일 수밖에 없었다. 결국 그는 14년 연봉을 결혼 지참금으로 지불하고 라헬을 얻었다.

"야곱이 또한 라헬에게로 들어갔고 그가 레아보다 라헬을 더 사랑하여 다시 칠 년 동안 라반을 섬겼더라"(창 29:30).

드디어 야곱은 라헬을 아내로 맞아들였다! 이제 야곱이 꿈에 그리던 행복을 손에 쥐었어야 했다. 얼어붙은 그의 인생에 봄이 와야 하고, 바닥으로 곤두박질쳤던 그의 자존감이 라헬이라는 꽃바람을 타고 둥실 떠올랐어야 했다. 그러나 현실은 전혀 그렇지 않았다. 이 부부의 결혼 생활이 어떠했는지 알아보기 위해 둘 사이에 오간 대화를 들어 보자. 야곱과 라헬이 함께 산 기간은 20여 년인데 그들이 주고받은 대화 중에 성경에 기록된 것이 있다. 그것이 창세기 30장 1-3절이다.

"라헬이 자기가 야곱에게서 아들을 낳지 못함을 보고 그의 언니를 시기하여 야곱에게 이르되 내게 자식을 낳게 하라 그렇지 아니하면 내가 죽겠노라"(창 30:1).

언니는 벌써 아들을 넷이나 낳았는데 자기에게는 아들은커녕 딸도 하나 없자 라헬이 흔한 말로 바가지를 긁으며 한 말이다. 이에 야곱이 언성을 높인다.

"야곱이 라헬에게 성을 내어 이르되 그대를 임신하지 못하게 하시는 이는 하나님이시니 내가 하나님을 대신하겠느냐"(창 30:2).

야곱은 그토록 사랑하는 라헬에게 버럭 화를 낸다. 그의 내면이 과거보다 더 황폐해진 것이 드러났을 뿐 아니라, 라헬이 행복을 가져다주리라는 야곱의 꿈이 이루어지기는커녕 저만치 달아나 버렸음을 보여 주는 장면이다. 라헬은 너무나 간절히 자녀를 원했기에 편법이라도 쓰고자 작정한다.

"라헬이 이르되 내 여종 빌하에게로 들어가라 그가 아들을 낳아 내 무릎에 두리니 그러면 나도 그로 말미암아 자식을 얻겠노라 하고" (창 30:3).

야곱의 가정은 언니와 동생이 일주일 간격으로 한 남자와 결혼함으로써 비정상적이고 복잡하게 출발했다. 그런데 이제 첩까지 들이면 훨씬 더 복잡해질 것이 뻔했다. 그럼에도 라헬은 자기 여종을 남편에게 첩으로 주겠다고 말한다. 여기까지가 창세기에 기록된 야곱과 라헬 부부의 유일한 대화다. 이 대화는 두 사람의 관계가 어그러져 있으며 건강하지 못함을 단적으로 보여 준다.[80]

남녀 간의 사랑은 복되고 아름다운 것이다. 서로 사랑할 때 행복이 찾아오고, 삶의 의욕이 솟아나며, 자존감도 높아진다. 그런데 사랑하는 사람이 우상이 되면 얘기가 달라진다. 만일 내가 아내에게 '하나님만이 주실 수 있는 사랑'을 기대하고 요구한다면 어떻게 될까? 항상 나를 있는 모습 그대로 받아 주고, 내가 부르면 언제 어디서나 포근한 목소리로 응답하고, 내게 필요한 것을 다 채워 줌으로 영혼까지 만족시켜 주는 그런 아내가 되어 달라고 한다면 어떻게 될까? 아내는 큰 부담을 느낄 것이 뻔하다. 남편의 기대와 요구가 너무 무거워 숨이 막힐 것이다. 그래도 내가 그런 높은 기대를 버리지 않고 고수한다면 어떻게 될까? 아내는 심한 스트레스를 이기지 못하고 병들 가능성이 높으며, 결과적으로 나와 아내의 관계는 틀어지고 깨질 것이 자명하다. 사랑이 우상이 되면 이런 비극이 일어난다.

"내게 자식을 낳게 하라 그렇지 아니하면 내가 죽겠노라"(창 30:1b).

이렇게 요구하는 라헬에게 야곱이 대답한다.

"내가 하나님을 대신하겠느냐"(창 30:2b).

이 말을 쉽게 풀어 쓰면 이렇다. "여보, 정신 차려요. 당신이 요구하는 것은 내가 할 수 있는 것이 아니지 않소. 오직 하나님만 하실 수 있는 일을 왜 내게 요구하는 거요? 내가 어찌 하나님을 대신할 수 있겠소?" 하나님만 해주실 수 있는 것을 남편에게 기대하고 요구한 라헬, 그녀는 낙심과 원망에 빠질 수밖에 없었다. 야곱도 마찬가지다. 사실 그도 하나님께 기대해야 할 것을 아내에게 기대하고 있다. '라헬이 나의 여신이 되어 행복을 가져다줄 거야' 하고 믿으며 살아왔다. 그 결과 그의 내면은 점점 더 조급해지고 거칠어졌다.

아무리 뛰어난 능력을 갖춘 사람도, 아무리 따뜻한 사랑을 지닌 사람도, 아무리 빼어난 외모를 가진 사람도 결코 하나님을 대신하지 못한다. 그럼에도 많은 사람이 하나님보다 사람을 더 사랑하고, 그분께 기대해야 할 사랑과 만족을 사람에게 기대한다. 우리가 만일 그렇게 하고 있다면 사람을 우상으로 섬기고 있는 것이다.

아침에 보니 레아라

"야곱이 아침에 보니 레아라"(창 29:25a).

이것은 의미심장한 기록이다. 라헬을 너무 사랑한 나머지 그를 우상으로 만든 야곱은 그녀를 얻기 위해서라면 어떠한 수고도 마다하지 않았다. 마침내 결혼 피로연이 성대하게 열리고 신방에서 신부를 맞이해 첫날밤을 보냈다. 다음 날 아침 눈을 떠보니 그의 곁에 누운 여인은 라헬이 아닌 레아였다! 이 기록은 중요한 교훈 한 가지를 우리에게 알려 주는데, 곧 우상은 모두 가짜 신이라는 것이다. 지난 7년 동안 야곱에게 라헬은 '신적인' 존재였고, 자신을 행복하게 해줄 '여신'이었다. 그런데 막상 그 여신을 손에 넣고 보니 라헬처럼 꾸민 레아였다. 야곱의 실망은 말할 것도 없고, 언젠가는 라헬도 레아처럼 될 것이라는 암시가 짙게 깔린 대목이다.

만일 장인이 그를 속이지 않고 그날 밤에 레아가 아닌 라헬을 주었다면 어떠했을까? 야곱은 크게 만족하고 어느 시기까지는 행복했겠지만, 그럼에도 라헬이 자신이 기대한 그런 여신이 아니라는 사실을 깨닫고 실망하기까지는 그리 오랜 시간이 걸리지 않았을 것이다.

라헬은 야곱이 기대한 그런 여신과는 거리가 멀었을 뿐 아니라, 사실 그가 기대한 그런 여신은 세상에 존재하지 않는다. 라헬이 여신이라고 믿은 것은 야곱의 착각이었다.

권위 있는 창세기 학자 데릭 키드너(Derek Kidner)는 이 구절을 주석하며 이렇게 썼다.

> 창세기 29장 25절은 에덴동산에서 인류가 타락한 이후로 지금까지 계속해서 경험하고 있는 용두사미의 전형이며 환멸의 축소판이다.[81]

여기서 "용두사미"란 '열심히 노력해서 원하는 것을 얻고 보니 그것이 기대했던 데 비해 훨씬 작고 초라한 것에 불과하다'는 의미다. 타락한 인간의 가장 큰 특징이 우상 숭배이기에, 사람들은 하나님만 주실 수 있는 만족과 기쁨을 돈이나 권력, 사랑하는 사람, 자녀, 일 따위에서 찾는다. 사람들은 각자 자신만의 '라헬'이 있다. 그 라헬을 얻기 위해 열심히 노력하고, 젊음과 인생을 바친다. 그런데 막상 얻고 보면 그것은 라헬이 아니라 레아다. 예외가 없다. 사람들은 환멸을 느끼지만 멈추지 못하고 '나의 라헬이 조금 더 먼 데로 달아났다'고 생각하며 추격을 계속한다.

21.
레아와 남편

야곱의 집안에 깊이 뿌리 내린 우상 문제를 이해하기 위해서는 레아의 우상도 살펴보아야 한다. 라반의 두 딸 레아와 라헬은 자매이지만 서로 다른 점이 많았다. 창세기는 두 사람의 외모를 대조하며 이렇게 묘사한다.

"레아는 시력이 약하고 라헬은 곱고 아리따우니"(창 29:17).

동생 라헬은 빼어난 미모를 지닌 반면 언니 레아는 그렇지 못했다. '시력이 약하다'는 표현은 눈이 안 좋아 안경이 필요하다는 뜻이 아니다. '눈이 흐릿하고 총기가 없다'는 사실을 에둘러 표현한 것이다. 레아의 외모는 보통 이하였을 것이다. 야곱은 라헬을 보고 첫눈에 반했지만 레아에게는 관심이 없었다.

이상한 결혼

야곱은 라헬과 결혼하기 위해 7년 동안 라반의 양을 쳤다. 일하면서도 라헬과 연애하느라 시간 가는 줄 몰랐다. 라반의 말에 따르면 그 지방에서는 동생이 언니보다 먼저 시집갈 수 없다. 그러면 7년이 지나기 전에 언니인 레아가 신랑을 만나 결혼해야 한다. 그러지 않으면 라헬과 야곱의 결혼이 늦춰질 수밖에 없다. 당시에 결혼은 부모가 주관했으니 라반이 나서서 큰딸 레아의 혼처를 알아봐야 했다. 하지만 라반은 그런 것에는 관심을 보이지 않았고 시간만 계속 흘러갔다. 딸들의 입장에서 생각하면 불안하고 답답한 7년이었을 것이다. 그것이 아니라면 혹시 아버지가 자신의 비밀스러운 계획, 곧 '신혼 첫날밤에 야곱을 속이고 라헬 대신 레아가 신방에 들어간다'는 계획을 딸들에게 미리 알려 준 것은 아닐까? 만일 그랬다면 라헬은 펄쩍 뛰며 반발했을 것이고, 레아는 자존심에 큰 상처를 입었을 것이다.

그가 딸들의 결혼에 대한 자신의 계획을 미리 알려 주었는지 아닌지는 알 길이 없다. 다만 분명한 사실은, 그가 결혼을 시키는 과정에서 두 딸 모두에게 심각한 잘못을 범했다는 것이다. 라반은 딸들의 행복한 미래보다 자기 재산을 불리는 데 더 큰 관심을 가지고 있었다. 두 딸 모두 아버지의 사랑을 제대로 받지 못했고, 레아의 경우 더욱 그러했다. 이런 '사랑 결핍' 때문에 나중에 이 둘은 남편 야곱의 사랑을 받는 일에 지나치게 매달린다. 이어서 일어난 사건들을 레아의 입장에서 살펴보자.

첫날밤에 아버지는 큰딸을 작은딸처럼 꾸며 야곱의 방으로 데리고 갔다. 다음 날 아침에 야곱은 장인에게 찾아가 분노하며 따졌다.

그런 상황에서 레아는 자신이 라헬이 아닌 것을 깨닫고 충격받은 남편을 보며 돌이킬 수 없는 상처를 받았을 것이다.

우여곡절 끝에 언니와 동생이 모두 야곱의 아내가 되어 한집에서 살게 됨으로 출발과 구조 모두 대단히 이상한 가정이 되고 만다. 정상적인 기능을 할 가능성이 희박한 가정, 갈등과 분열의 씨앗을 잔뜩 지닌 가정으로 야곱의 가정은 시작되었다.

야곱은 레아가 아니라 라헬을 사랑했다. 레아도 사랑하는데 라헬을 더 사랑한 것이 아니라, 라헬만 사랑했다.

"여호와께서 레아가 사랑 받지 못함을 보시고"(창 29:31a).

"레아가 사랑받지 못했다"는 구절이 ESV 성경에는 "Leah was hated"라고 번역되어 있다. 원문을 잘 살린 번역이다. 하나님이 보시기에도 레아는 남편에게 사랑받지 못한 정도가 아니라 미움을 받았다. 레아는 남편 야곱을 사랑했지만 라헬이 남편의 사랑을 독차지하고 있다. 레아가 느낀 괴로움과 좌절의 정도는 짐작조차 할 수 없도록 극심했을 것이다. 그러나 그녀는 자기가 사랑받지 못한다고 의기소침해 뒷방으로 물러나지 않고 남편의 사랑을 얻기 위한 긴 싸움을 시작한다.

남편의 사랑을 얻고자

야곱의 가정에 아이들이 태어나기 시작했다. 하나님은 섭리 가운데 레아에게는 아이들을 주시지만 라헬에게는 그렇게 하지 않으신다.

"레아가 임신하여 아들을 낳고 그 이름을 르우벤이라 하여 이르되 여호와께서 나의 괴로움을 돌보셨으니 이제는 내 남편이 나를 사랑하리로다 하였더라"(창 29:32).

당시에는 자녀를 낳는 것이 결혼의 중요한 목적이었다. 여성의 경우 자녀가 많을수록, 특히 아들이 많을수록 하나님의 복을 받은 것으로 여겨졌다. 야곱의 첫아이를 레아가 낳았는데, 그것도 아들이었다. 그래서 이름을 '보라, 아들이라!'라는 뜻의 '르우벤'이라고 지었다. 레아가 간절히 원하는 것은 남편의 사랑이다. 비록 아내가 싫지만 같이 잠자리에 들었고 수고해 아이를 낳았으니, 이제 남편이 마음을 바꾸어 아내에게 관심을 가지는 것이 마땅하다. 레아는 간절히 그렇게 되기를 바랐다. 아이를 위해서도 그렇게 되어야 한다. 그러나 야곱은 여전히 레아를 싫어한다.

하나님은 레아에게 또 아들을 주셨다.

"그가 다시 임신하여 아들을 낳고 이르되 여호와께서 내가 사랑 받지 못함을 들으셨으므로 내게 이 아들도 주셨도다 하고 그의 이름을 시므온이라 하였으며"(창 29:33).

레아는 그 아이의 이름을 '들으심'이라는 의미의 '시므온'이라고 지었다. 남편의 사랑을 받지 못하고 고통스러워하는 자신의 소리를 여호와가 들으셨다는 것이다. 레아도 여호와를 어느 정도 알았지만 아직 여호와를 '나의 주님'으로 만나지 못했기에 그분과의 인격적 교감은 없다. 그분이 누구신지 바로 알고 믿었다면 레아가 이런 상황에서 어떻게 처신했을까? 여호와가 자신과 남편 사이의 문제를 풀어 주시도록 기도하면서 차분히 기다렸을 것이다. 남편이 아니라 그분께 매달리면서 '영혼의 만족'을 경험했을 가능성이 크다. 그러나 안타깝게도 아직은 레아에게 그런 일이 일어나지 않았고 여전히 남편의 사랑에 목을 매고 있었다. 남편은 여전히 레아의 우상이었다.

이제 주님은 레아에게 셋째 아들을 주셨다.

> "그가 또 임신하여 아들을 낳고 이르되 내가 그에게 세 아들을 낳았으니 내 남편이 지금부터 나와 연합하리로다 하고 그의 이름을 레위라 하였으며"(창 29:34).

여기서 '연합하다'는 히브리어 원어로 볼 때 '정들다'라는 의미다. 야곱으로서는 레아를 향해 사랑이 솟아나지는 않는다 해도 함께 아이를 셋이나 낳았으니 그녀에게 정이 드는 것이 자연스럽다. 레아는 그런 기대를 가지고 아이 이름을 '레위'라고 지었다. '레위'는 '연합'을 뜻한다. 하지만 야곱은 여전히 라헬만 사랑했고, 상황은 더욱 나쁘게 흘러가 라헬은 남편의 사랑을 독차지하면서도 자녀를 낳지 못하자 언니를 심하게 시기했다. 레아는 괴로움에서 헤어나지 못했다. 야곱의 가정이 태생적으로 가지고 있던 갈등과 분열의 씨는 벌써 싹이 터 왕성하게 자라고 있었다. 소위 말하는 '콩가루 집안'이 되어 가고 있었다.

아버지의 딸

간혹 '남성 편력'이 심한 여성이 있다. 이런 여성은 젊은 시절 비교적 쉽게 남자 친구를 사귀고, 상대가 마음에 들지 않으면 헤어지는

데도 용감해 보인다. 동거나 결혼을 해도 오래 가지 못하는 경우가 많다. 심한 남성 편력을 가진 대표적인 인물로 미국 영화배우 마릴린 먼로(Marilyn Monroe)를 들 수 있다. 그녀는 16세의 어린 나이에 결혼하고 4년 뒤에 이혼했다. 스타가 된 후에는 당시 유명한 야구선수 조 디마지오와 세상이 떠들썩하게 결혼식을 올렸는데 채 1년이 안되어 헤어졌다. 세 번째 남편인 극작가 아서 밀러와의 결혼도 오래가지 못했다. 케네디 대통령 등 여러 유명 인사와도 염문을 뿌렸다.

여성이 이러한 남성 편력을 가지는 경우의 주된 원인을 살펴보는 일도 의미가 있을 것이다. 심리학자들에 따르면, 중요한 원인 가운데 하나가 '딸과 아버지의 원만하지 못한 관계'다. 유년 시절에 아버지가 없거나, 있어도 충분한 사랑을 받지 못한 딸들이 이런 문제에 빠지기 쉽다. 먼로의 경우를 보면, 어린 시절에 아버지는 가정을 버리고 어머니는 정신병원에 입원해 고아가 되었다. 양부모 밑에서 자라는 동안 양아버지에게 여러 차례 성폭행을 당했다. 이런 끔찍한 일을 당해도 어디 하소연할 데가 없었다. 어린 소녀가 얼마나 두렵고 고통스러웠을까. 먼로가 성인이 되어 남성 파트너를 여러 번 바꾼 주된 이유는, 부성애를 가진 원만한 아버지에 대한 그리움 때문이라고 짐작된다. 끊임없이 그런 아버지를 대체할 대상을 찾아 헤맨 것이다.

먼로와 같은 스타들만 이런 문제를 겪는 것이 아니다. 평범한 여성들도 비슷한 문제에 빠질 수 있다. '아버지의 딸'(father's daughter)이라는 말이 있다. 이는 심리학에서 아버지의 영향을 특별히 많이 받은 딸을 지칭하는 용어다. 그 영향은 긍정적일 수도 있고, 부정적일 수도 있다. 아버지의 충분한 사랑 속에서 긍정적인 영향을 받으며 자란 딸들은 정서적으로 안정된 사람으로 성장한다. 반대로, 아버지와 관계가 좋지 않아 충분한 사랑을 받지 못한 딸들은 아버지를 닮지 않으려 애쓴다. 그러면서도 무의식적으로 아버지를 닮아 간다. 이런 딸들은 정서적으로 불안정한 사람으로 성장하게 되며, 지나친 남성 편력을 가지는 경우가 많다.[82]

어떤 여성들은 뚜렷한 남성 편력을 보이진 않지만 남편에게 지나치게 의존하거나 집착한다. 왜 그럴까? 이런 여성들은 자기 남편에게 '아내를 향한 남편의 사랑'만 요구하는 것이 아니라, '딸을 향한 아버지의 사랑'까지 요구하는 경향을 보이기 때문이다. 대개 남편들은 자기 아내에게 '남편의 사랑'을 주기도 벅차다. 무슨 수로 '아버지의 사랑'까지 줄 수 있겠는가? 결과적으로 양쪽 모두 실망하고 상처받을 수밖에 없다.

레아는 부정적인 의미에서 '아버지의 딸'이다. 아버지와의 관계가 좋지 않았고, 심지어 그의 재산을 늘리는 제물로 희생당하기까지 했다(창 31:15). 이로 인해 정서적으로 중요한 부분이 결핍되고 불안정한 여성이 된 듯 싶다. 남편의 사랑을 얻고자 끈질기게 노력하는 그녀를 보면, 아버지의 빈자리를 남편에게서 찾으려 한다는 사실을 알 수 있다. 세상에는 레아와 같이 부정적인 의미에서의 '아버지의 딸'이 많다. 그들이 어떻게 그 결핍과 상처에서 벗어나고 회복될 수 있을까? 창세기가 이어서 서술하는 레아의 삶에서 한 가지 중요한 힌트를 찾을 수 있다.

이제는 여호와를 찬송하리로다

레아의 삶에 중대한 변화가 일어난다. 그 변화는 여호와가 넷째 아들을 주실 때 분명히 드러났다.

> "그가 또 임신하여 아들을 낳고 이르되 내가 이제는 여호와를 찬송하리로다 하고 이로 말미암아 그가 그의 이름을 유다라 하였고 그의 출산이 멈추었더라"(창 29:35).

레아는 아이를 낳은 후 매번 '마음에 담아 두었던 말'에 따라 아이의 이름을 지었다. 남편의 사랑을 받지 못한 아픔을 표현하는 말이었다. 무슨 수를 써서라도 남편의 사랑을 받고 싶은 간절한 바람을 표현하는 말이기도 했다. 여러 해 동안 레아는 야곱의 사랑을 얻는 데 집착했으나 이제 달라졌다. 넷째 아들을 낳은 후 한 말에는 남편과 관련된 것이 없다. 그냥 "내가 이제는 여호와를 찬송하리로다"라고만 한다. 이것은 진심 어린 고백이다. 과거 그녀의 기도는 "제발 남편의 사랑을 받게 해주소서. 그리하면 제가 주님을 찬양하겠나이다"라는 식이었지만, 매번 상황은 변하지 않았다. 야곱은 여전히 라헬만 사랑하고, 아이가 없는 라헬은 레아를 극도로 시기한다. 그럼에도 레아는 이제 조건 없이 그분을 기뻐하며 찬양한다. 레아는 마침내 여호와를 인격적으로 만난 것으로 보인다. 남편의 사랑에 집착하지 않게 됨으로써 남편이라는 우상에서 벗어나 주님 안에서 자유를 얻었다. 자신의 영혼을 채워 주시는 분은 남편이 아니라 오직 여호와이심을 깨달은 것이다.[83] 그래서 아들의 이름도 '유다'라고 지었는데, 이는 "그분이 찬송받으실 것입니다"(He will be praised)라는 의미다.

레아의 변화는 신앙의 완성이 아니라 출발을 의미한다. 비록 지금은 우상을 내버리고 여호와를 마음의 중심에 모셨지만, 살아가다

보면 우상 숭배에 다시 빠질 수도 있다. 거듭난 신자라고 해서 우상 숭배에서 완전히 벗어난 것은 아니기 때문이다. 이미 하나님의 자녀가 된 사람도 우상을 만들어 섬기려는 자신의 악한 본성과 끊임없이 싸워야 한다. 그럼에도 레아의 변화는 대단히 소중하다. 이 변화를 통해 생애 처음으로 여호와와의 인격적 교감을 경험하고, 그분을 자기 마음의 첫 자리에 모셨기 때문이다.

야곱의 아내들에게서 열두 아들이 태어나 이스라엘 열두 지파의 조상이 된다. 메시아는 그중에서 '유다'의 후손으로 오신다. 이 사실은 야곱이 죽기 전에 유다를 위해 축복 기도를 하는 중에 드러난다(창 49:10). 유다를 낳고 기른 아내는 야곱의 총애를 받은 라헬이 아니라 미움받던 레아다. 아브라함과 사라, 이삭과 리브가, 야곱과 레아 등 메시아를 이 땅에 보내는 사역에 부름받은 이들은 처음부터 깨끗하고 성숙한 사람들이 아니다. 정도의 차이는 있지만 모두 죄로 얼룩지고 상처받고 정서적 결핍을 겪은 사람들, 각종 우상을 섬기며 그것에 묶여 있던 사람들이다. 이런 자들을 하나님은 깊은 관심을 가지고 돌보셨다. 죄를 씻기고 상처를 치료하고 결핍을 채우셨다. 주님 덕분에 이 사람들은 우상에서 벗어날 수 있었고, 세상을 구원하는 위대한 사역에 참여할 수 있었다.

22.
야곱은 홀로 남았더니

야곱은 라헬을 얻기 위해 7년 동안 일하고 라반에게 속는 바람에 7년이 더해져 14년이라는 긴 시간 동안 라반의 집에서 일했다. 라반이 경영하는 목축 사업에 관리자로 고용되었지만 라헬과의 혼인 외에 다른 보수는 없었다. 그럼에도 대충 일하며 시간만 때우지 않았다. 낮에는 더위를 밤에는 추위를 무릅쓰고 눈 붙일 겨를도 없이 일했고, 그 결과 라반의 가축은 매우 많아졌다.

야곱의 '재산 불리기' 전략

라헬을 얻기 위해 맺은 '7 + 7년' 노동 계약이 끝날 무렵, 야곱은 이제 자기 재산을 만들 계획을 세운다. 그는 라반에게 고향으로 돌아가겠다고 말했다. 야곱은 매우 성실했을 뿐 아니라 지혜롭게 목축을 경영했다. 이 사실을 잘 아는 그는 충분한 보수를 주겠다는 약속으로 사위를 붙잡으며 계속 일해 줄 것을 부탁했다. 야곱은 못 이기는 척 장인의 부탁을 받아들였지만 한 가지 조건을 달았다. 자기가 원하는 방식으로 보수를 받고 싶다는 조건이었다.

그 방식이란 야곱이 관리하는 양과 염소들이 새끼를 낳으면 그중에서 일부를 그가 가진다는 것이었다. 좀더 자세히 말해, 새끼들 중에 흰 것은 모두 라반의 소유로 하고, 검거나 점이 있는 것만 야곱이 가지는 방식이다. 가축은 대부분 흰색이었고, 검은 것과 점 있는 것이 드문드문 섞여 있었다. 손익 계산이 빠른 라반은 그 제안을 흔쾌히 받아들였다. 그와 동시에 아들들을 시켜 양과 염소 떼 중에서 검은 것과 점 있는 것을 몽땅 가려내 먼 곳으로 옮겨 버렸다. 이제 야곱에게 맡겨진 가축은 흰색밖에 없다. 흰색 양과 염소에게서 태어나는 새끼는 대부분 흰색일 것이다. 그러면 야곱에게 돌아갈 몫은 별로 없을 것이 뻔하다.

야곱이 무모한 제안을 한 것 같지만 그에게는 미리 생각해 둔 방법이 있었다. 그 방법을 쓰니 흰 양에게서 검거나 무늬를 가진 새끼들이 태어나는 신통한 일이 일어나, 6년이 지났을 때 야곱의 재산은 크게 늘어났다(창 30:37-43). 유전자 조작을 한 것도 아닌데 어떻게 이런 일이 가능했을까? 이는 근본적으로 야곱이 사용한 방법이 뛰어났기 때문이 아니라 하나님이 도우셨기 때문이다. 라반이 '갑'이고, 야곱은 '을'이지 않은가. 라반은 야비한 방법으로 야곱을 실컷 이용하고 보수는 제대로 주지 않았다. 이에 하나님이 개입하셔서 라반의 가축 중 많은 부분이 야곱의 소유가 되게 하셨고, 야곱의 가축은 크게 번성하게 하셨다. 이렇게 해서 야곱은 큰 부자가 되었다.

하나님은 야곱과 맺은 약속을 굳게 지키고 계셨다. 20년 전, 그가 형 에서를 피해 고향을 떠나 외삼촌 집으로 오는 길에 벧엘에서 주님이 그를 찾아와 이렇게 약속하셨다.

"내가 너와 함께 있어 네가 어디로 가든지 너를 지키며 너를 이끌어 이 땅으로 돌아오게 할지라 내가 네게 허락한 것을 다 이루기까지 너를 떠나지 아니하리라"(창 28:15).

야곱의 신앙은 여전히 미숙해 주님께 대한 태도도 신실하지 못하며, 아내와 자녀들에게도 '여호와를 믿는 남편과 아버지'로서 본을 보이지 못하고 있다. 그런데도 주님은 그와의 약속을 신실하게 지키고 계셨다.

야반도주

야곱 소유의 가축이 크게 늘어나자 라반의 아들들, 곧 야곱의 사촌들이 이를 싫어했다. 그들은 야곱이 자신들의 가축을 빼앗았다고 생각했다(창 31:1b). 라반과 야곱 사이의 갈등은 점점 심해져 주먹다짐이 일어날 지경이었다. 바로 그 무렵 하나님은 야곱에게 꿈을 통해 "네 고향으로 돌아가라"고 말씀하셨다(창 31:13b). 이에 야곱은 처자식들과 종들과 모든 가축을 이끌고 가나안으로 출발한다. 라반에게는 알리지 않고 몰래 떠났다. 사이가 안 좋긴 하지만, 그래도 사위가 장인을 속이고 '야반도주'한 것은 너무 심해 보인다. 라반은 딸들과 손주들에게 작별 인사조차 하지 못했다. 그런데도 야곱은 이런 무례한 결정을 할 수밖에 없었다. 창세기 31장 전체를 읽어 보면 그가 야반도주를 결행한 이유가 드러난다. 야곱이 떠난다는 사실을 라반이 알면 가축을 도로 빼앗아 갈 가능성이 컸으므로 그는 자기 재산을 지키고자 이런 결정을 했던 것이다.

오래전 고향 집을 떠날 때, 그는 자기 살길을 찾아 쌍둥이 형 에서 몰래 떠남으로써 형과의 관계를 일방적으로 끊어 버렸다. 세월이 흐른 후, 처갓집을 떠나 고향으로 돌아갈 때도 그는 장인과 처가 식구들 몰래 떠난다. 자기 살길을 찾기 위해 사람들과의 관계를 일방적으로 끊어 버린 것이다. 20년이 흘렀어도 야곱은 변하지 않았다. 평소에는 인간관계를 성실히 관리하지만, 결정적인 순간에는 자신의 이익을 위해 미련 없이 관계를 끊어 버렸다.

이런 행동은 우상에 의해 조종당하는 사람들의 특징이다. 야곱에게 가축 떼는 너무나 소중했다. 20년 동안 휴일 한 번 제대로 갖지 못하고 일에 매달려 만든 재산이다. 양 떼와 소 떼는 그가 인생을 헛되이 살지 않았다는 증거이며, 맨손으로 시작해 자수성가했다는 자부심의 근거다. '이것들이 어떻게 키운 짐승들인데… 자식 같은 내 가축들을 지키기 위해서라면 처가와의 관계도 끊을 수 있어.' 그는 이런 식의 생각을 품었다.

야곱이 재산을 몽땅 챙겨 몰래 도망한 지 사흘이나 지나서야 라반은 그 사실을 알게 되었다. 사위에게 완전히 한 방 먹은 장인은 그대로 당하고만 있지 않았다. 장정들을 이끌고 추격하기 시작했고, 야곱에게는 큰 위기였다. 붙잡히면 가축을 다 빼앗기는 것은 물론이고, 심한 폭행이나 더 큰 해를 입을 수도 있는 상황이었다. 여호와는 이번에도 개입하셔서 야곱의 허물을 덮어 주시고 그를 보호해 주신다. 라반이 야곱을 따라잡기 하루 전날 밤이었다. 엿새나 추격했는데도 아직 따라잡지 못한 그는 약이 오를 대로 올랐을 텐데 그날 밤 꿈에 여호와가 나타나셨다. 라반은 크게 놀랐다. 그분은 엄중히 명령하셨다.

"너는 삼가 야곱에게 선악간에 말하지 말라"(창 31:24b).

다음 날 라반은 야곱 일행을 따라잡고 야반도주에 대해 강한 불만을 표시했으나 어떠한 해도 가하지 않았다. 장인과 사위는 서로 존중하기로 약속하고 작별을 고했다.

어떤 철없는 십 대 소년이 사고를 치는 경우를 생각해 보자. 학교에서 급우들의 물건을 훔치고 싸움을 일으켜 같은 반 아이를 다치게 한다. 이런 문제를 일으키면 자기 능력으로 수습하지 못하기에 그때마다 아버지가 나타나 묵묵히 뒷감당을 한다. 그가 또 사고를 치면 아버지는 또 묵묵히 뒷감당을 한다. 웬만한 아이들은 나이가 들면서 정신을 차리고 더는 그런 유치하고 그릇된 행동을 하지 않게 된다. 그런데 이 아이는 이십 대가 되고 삼십 대가 되어도 변하지 않는다. 보통 아버지라면 지쳐서 이렇게 말했을 것이다. "이제 너도 성인이 되었으니 네 인생은 네가 책임져라. 나는 더는 못 한다." 하지만 이 아버지는 아들이 변할 것을 믿고 여전히 뒷감당을 해주고 또 해준다. 조금 이상한 아들에 이상한 아버지다. 자세히 보면, 야곱이 이 아들처럼 행동하고 있고 하나님은 그 아버지처럼 행동하고 계신다.

얍복강이 보여 주는 것

하란을 떠난 야곱 일행은 남서쪽으로 먼 길을 여행한 끝에 가나안에 들어왔다. 20여 년 만에 아버지가 계신 고향으로 돌아가는 길목에서 기쁘고 감격스러운 것이 자연스러운 일이지만 그의 마음은 몹시 무겁다. 혼자 떠났던 그가 이제 대가족의 가장이 되었고, 빈손으로 떠났던 그가 큰 재산을 만들었으니 금의환향이 분명하다. 그런데 그는 지금 떨고 있으며, 고향이 가까워질수록 그 떨림이 점점 더 심해진다. 형 에서에 대한 두려움 때문이다.

야곱은 종들을 형에게 보내 자신이 고향으로 돌아왔다는 소식을 최대한 겸손하게 전했으나, 그들은 돌아와 이렇게 보고했다.

"우리가 주인의 형 에서에게 이른즉 그가 사백 명을 거느리고 주인을 만나려고 오더이다"(창 32:6).

에서가 400명의 장정을 거느렸다는 사실로 보아 큰 가문을 이루었음을 알 수 있다. 그가 이렇게 많은 사람을 대동하고 오는 것도 힘을 과시하는 행동이다. 야곱의 태도를 봐서 마음에 들지 않으면 힘으로 굴복시키겠다는 에서의 의지가 뚜렷하게 읽힌다. 20년이 흘렀으나 야곱을 향한 에서의 분노는 풀리지 않았다.

이 소식을 들은 야곱은 이렇게 반응한다.

"야곱이 심히 두렵고 답답하여 자기와 함께 한 동행자와 양과 소와 낙타를 두 떼로 나누고 이르되 에서가 와서 한 떼를 치면 남은 한 떼는 피하리라 하고"(창 32:7-8).

이제 떨림이 최고점을 찍었다. 자신이 다치는 것은 물론이고 지극히 사랑하는 라헬과 요셉이 다치거나 죽을 수도 있는 상황이니 야곱이 얼마나 불안했을까. 그 와중에도 그는 가족들뿐 아니라 가축들까지 지킬 방법을 찾아 사람들과 가축들을 두 그룹으로 나누었다. 에서가 와서 한 그룹을 치면 그동안 다른 그룹은 도망가겠다는 작전이다.

야곱은 여호와께 기도하는 것도 잊지 않았다. 기도의 주된 내용은 두 가지다. 첫째는 많은 재물을 주신 것에 대한 감사이며, 둘째는 에서의 공격에서 자신과 가족들을 지켜 달라는 것이다(창 32:9-12). 하나님 앞에서 자신의 잘못을 깨닫고 용서를 구하는 내용은 없다.

야곱은 소극적인 사람이 아니어서 가만히 앉아 에서에게 당하기만 하지는 않을 것이었다. 그렇다고 맞서 싸울 힘이 있는 것도 아니기에 고심한 끝에 그는 '선물 작전'을 펼친다. 종들을 통해 염소, 양, 소, 낙타 등 모두 550마리가 넘는 가축을 에서에게 미리 보냈다.

> "내가 내 앞에 보내는 예물로 형의 감정을 푼 후에 대면하면 형이 혹시 나를 받아 주리라"(창 32:20).

거기에는 이러한 계산이 깔려 있었다. 선물의 물량이 대단히 많은 것으로 보아 에서에 대한 그의 두려움이 얼마나 컸는지 짐작할 수 있다.

야곱 일행은 얍복강 앞에 이르렀다. 이 강은 요단강의 지류로, 암만 부근에서 솟아나 서쪽으로 흐르다 요단강과 합류한다. 날이 어두워졌기에 야곱은 일행과 함께 강가에 자리를 잡고 밤을 보내게 되었고, 얍복강 건너편 그리 멀리 않은 곳에는 에서와 그의 사람들이 밤을 보내고 있었다. 그날 밤 야곱은 상식적이지 않은 행동을 한다.

"밤에 일어나 두 아내와 두 여종과 열한 아들을 인도하여 얍복 나루를 건널새 그들을 인도하여 시내를 건너가게 하며 그의 소유도 건너가게 하고 야곱은 홀로 남았더니"(창 32:22-24a).

잠이 오지 않았는지 밤에 일어난 그는 가족과 가축들을 인도해 강을 건너 강남으로 가게 하고 홀로 강북에 남았다. 왜 그렇게 했을까? 두려워서 그랬을까, 아니면 혼자 있고 싶어서 그랬을까? 창세기에는 이에 대한 설명이 없다.

이 장면이 보여 주는 중요한 메시지가 있다. 그가 그토록 아끼고 사랑하는 라헬과 요셉은 강 남쪽에 있고, 레아와 자녀들도 강 남쪽에 있으며, 그가 20년 동안 열심히 일해서 만든 재산인 커다란 가축 떼도 강 남쪽에 있다. 야곱만 홀로 강 북쪽에 있다. 얍복강이라는 '선'(line)을 기준으로 그는 북쪽에 있고, 그의 가족과 재산은 모두 남쪽에 있다.

봉준호 감독의 영화 〈기생충〉에는 각종 '선'들이 등장한다. 영화 평론가 서곡숙에 따르면, 그중 대표적인 것이 하층 계급과 상층 계급을 나누는 선이다. 박 사장 승용차의 뒷좌석과 앞좌석 사이에도 그런 선이 있다. 그 선을 기준으로 뒤쪽은 고용주의 자리고, 앞쪽은 고용인의 자리다. 선이 가시적으로 더 분명히 보이는 장면도 있다. 박 사장의 집에 과외 교사로 들어간 기우가 그 집 이층에서 커다란 유리창을 통해 정원을 내려다보는 신이 있다. 정원용 테이블에 기대어 낮잠을 즐기고 있는 안주인을 가정부가 깨우는 장면이다. 영화는 두 사람이 각각 다른 계급에 속해 있음을 보여 주려는 듯이, 두 장의 유리가 만드는 수직선을 안주인과 가정부 사이에 놓는다.[84]

얍복강이 만드는 선도 영화 〈기생충〉의 선들 못지않게 뚜렷한 메시지를 전해 준다. 이 선은 야곱과 그의 가족을 분리하고, 야곱과 그 재산을 분리한다. 창세기는 선의 북쪽에 그가 혼자 남은 장면을 보여 주면서 야곱이 철저히 혼자라는 사실을 드러낸다. 그가 혼자 '남겨진' 것이 아니라 스스로 원해서 강북에 홀로 남았음에도, 성경은 그가 혼자라는 사실을 강조한다.

"야곱은 홀로 남았더니"(창 32:24a).

그는 늘 많은 가족과 함께 있었다. 아내가 넷이요 열 명이 넘는 자식이 있었지만 사실 그는 혼자였다. 한 사람도 그의 곁에 남아 함께 있어 주고자 하지 않았고 모두들 무정하게 강을 건너갔다.

사람은 누구나 마음을 터놓고 고민을 얘기할 수 있는 친구가 필요하다. 야곱에게도 그런 친구가 필요했다. 아내들 중에도, 자녀들 중에도, 종들 중에도 그런 친구가 되어 줄 수 있는 사람이 보이지 않는다. 야곱이 이처럼 외톨이가 된 원인이 어디에 있을까? 다른 사람이 아닌 자기 자신에게 있다. 그는 일에는 뛰어났으나 인간관계에서는 관심과 배려를 모르는 외톨박이였다. 이는 '성공'이라는 우상을 따르는 사람들의 전형적인 모습으로, 자기 분야에서 성공하는 것이 우상이 된 사람들은 대부분 이런 문제를 안고 있다.

극한 두려움과 깊은 외로움으로 강북에 홀로 남은 야곱, 누가 그의 아픔과 고민을 이해할 수 있을까? 지금까지 그의 삶은 하나님 앞에서 잘한 것은 거의 없고 주님이 보시기에 부끄러운 언행으로 점철되어 있었다. 그럼에도 주님은 지금까지 묵묵히 그를 도와주시고, 그가 망쳐놓은 것들을 수습해 주셨으며, 이에 더해 이제는 위기에 처한 그를 구원하기 위해 직접 찾아오신다.

23.
야곱과 어떤 사람

　강인한 인물인 요셉은 지금까지 여러 가지 어려움을 만났으나 굳은 의지와 다양한 모략으로 모두 극복했다. 하지만 그날 밤은 달랐다. 야곱은 에서가 자신을 치러 오는 것이 분명하다고 판단했다. 혼자라면 도망이라도 칠 텐데 사랑하는 아내와 아직 어린 아이들을 거느린 야곱은 싸울 수도 없고, 도망갈 수도 없다. 자신의 목숨이 위태로울 뿐 아니라 사랑하는 라헬과 요셉, 피땀 흘려 모은 재산까지 모두 잃을지도 모르는 절체절명의 위기다. 이제 그가 의지할 수 있는 대상은 하나님밖에 없으며 야곱도 그 사실을 안다. 모든 상황이 그로 하여금 절박한 심정으로 하나님을 찾게 만들고 있다.

　그때 전혀 예상하지 못한 일이 일어난다.

　"야곱은 홀로 남았더니 어떤 사람이 날이 새도록 야곱과 씨름하다가"(창 32:24).

어떤 사람이 나타나 야곱과 씨름을 시작해 둘 사이에 치열한 몸싸움이 일어난 것이다. 먼저 시작한 쪽은 그 사람이지만 야곱은 지지 않아 밤에 시작한 싸움이 새벽까지 계속되었다. 그 사람도 야곱도 포기하지 않았고 끈질기게 상대방을 제압하고자 씨름을 계속했다.

씨름을 하면서도 야곱은 그 사람이 누구인지 몰랐다. 본문에는 "어떤 사람"(a man)이라고만 기록되어 있다. 야곱은 '혹시 에서가 보낸 사람일까, 아니면 라반이 보낸 사람일까?' 이렇게 짐작만 해봤을 것이다.

그 사람은 날이 새기 전에 싸움을 끝내기를 원했다. 야곱은 지지 않고 끝까지 버텼다. 어쩔 수 없이 그 사람은 마지막 방법을 사용했다.

> "자기가 야곱을 이기지 못함을 보고 그가 야곱의 허벅지 관절을 치매 야곱의 허벅지 관절이 그 사람과 씨름할 때에 어긋났더라"(창 32:25).

그 사람이 야곱의 허벅지를 치자 고관절이 탈골되었다. 우리 몸에 있는 두 개의 고관절은 상체와 하체를 이어 주는 중요한 관절이기에 여기에 이상이 생기면 다리 전체를 쓰지 못한다. 사실 고관절은 매우 튼튼한 관절이어서 치고받고 싸우는 것만으로는 탈골되기 어렵다. 높은 데서 추락하거나 교통사고와 같은 큰 충격을 받아야 탈골이 가능하다.

야곱은 건장한 남자였지만 그 사람이 야곱의 고관절을 치니 그대로 탈골이 일어났다. 그 사람은 단 한 방에 상대방의 고관절을 탈골시킬 만큼 강한 힘을 가졌다는 것이 드러났다. 종합격투기 세계 챔피언쯤 되면 상대방의 고관절을 쉽게 탈골시킬 수 있을까? 상대가 어린아이라면 모를까 건장한 성인이라면 거의 불가능하다. 야곱을 꼬꾸라뜨린 그 사람은 초인적인 힘을 가진 게 틀림없다. 그렇게 큰 힘을 가진 사람과 야곱이 몸싸움을 했다면 결과는 뻔해야 한다. 시작하자마자 야곱이 단번에 제압당하고 게임은 끝나야 한다. 그런데 이상하게도 이 사람과 야곱의 씨름은 새벽까지 여러 시간 계속되었다.

여기서 알 수 있는 사실은, 그 사람이 의도적으로 힘을 최소한으로 쓰면서 야곱과 씨름했다는 것이다. 그 이유를 유추해 보면, 그 사람은 야곱의 항복을 받아 내기 원했지만 다치게 하고 싶지는 않았기에, 최대한 부드러운 방법으로 그와 몸싸움을 한 것이다. 그런데 야곱은 대단히 끈질긴 사람이어서 죽을힘을 다해 버티며 항복하지 않았다. 주위가 조금씩 밝아지면서 새벽이 다가왔으므로 그 사람은 더는 지체할 수 없었고, 어쩔 수 없이 고관절에 제대로 한 방 먹였다. 곧바로 야곱은 쓰러졌고 굴복했다.

그제야 야곱은 상대가 누군지 알아봤다. 그분은 바로 하나님이셨다! 주님이 사람의 모습으로 그를 찾아오신 것이다. 이제 우리는 왜 그 사람이 날이 밝기 전에 떠나고자 했는지 알 수 있다. 사람이 하나님의 얼굴을 보면 죽는다(출 33:20). 모든 사람은 죄인이기에 거룩하신 하나님을 대면하면 죽을 수밖에 없다. 그래서 그 사람은 날이 밝기 전에 떠나고자 한 것이다. 그분이 야곱의 생명을 얼마나 아끼시는지 알 수 있다. 나중에 이 사실을 깨달은 야곱은 그 땅 이름을 '브니엘' 곧 '하나님의 얼굴'이라 짓고 이렇게 간증한다.

"내가 하나님과 대면하여 보았으나 내 생명이 보전되었다"(창 32:30).

그분의 가치에 비로소 눈뜨다

야곱의 생명을 아끼는 분이 왜 그의 고관절을 치셨을까? 왜 그를 장애인으로 만드셨을까? 그렇게 해서라도 '야곱의 항복'을 받아 내야 했기 때문이다. 이 싸움뿐 아니라 그때까지 평생 야곱은 주님께 한 번도 항복하지 않았다. 하나님을 주인으로 인정하고 순종하며 따르지 않았다. "내 인생의 주인은 나야. 나는 열심히 노력해서 내가 원하는 사랑을 얻고, 내가 원하는 재산을 얻고, 내가 원하는 성공을 거둘 거야. 하나님도 나를 도와주실 거야." 늘 이런 태도로 살아왔다.

일반적으로 사람들은 이렇게 자기중심적인 태도를 가지고 살아가다가도 시련이 닥치면 겸손해진다. 주님 앞에 나아와 무릎을 꿇고 그분의 권위 아래 굴복한다. 그런데 야곱은 보통 사람들과는 달랐고, 달라도 많이 달랐다. 시련 앞에서 하나님의 도움을 얻기 위해 기도는 했지만 굴복하지는 않았고, 늘 자기가 주인이라고 믿고 하나님도 자기 뜻에 맞게 움직이려 했다. 계속 이런 방식으로 살아가면 파멸에서 벗어나지 못한다. 사실 현재 상황은 그가 이미 파멸을 향해 가고 있음을 보여 준다. 쌍둥이 형과는 원수가 되었고, 형에 대한 두려움은 그에게서 평안을 다 앗아가 버렸다. 그가 애써 세운 가정은 사랑을 주고받는 따뜻한 보금자리가 아니었기에, 두 아내는 서로 미워하고 아이들 마음속에는 분노와 폭력이 자라고 있었다. 파멸로 치닫고 있는 야곱을 멈추게 하기 위해 그 사람은 하는 수 없이 그의 허벅지를 치셨다.

고관절이 탈골되면 극심한 고통이 수반된다. 그런 고통 속에서 야곱이 주님께 간절히 구한 것이 무엇일까?

"그가 이르되 날이 새려하니 나로 가게 하라 야곱이 이르되 당신이 내게 축복하지 아니하면 가게 하지 아니하겠나이다"(창 32:26).

그분은 시간이 촉박해 서둘러 떠나셔야 했다. 그 상황에서 야곱은 자신의 다리를 고쳐 달라고 기도하지 않았다. 그보다 더 절실히 원하는 것은 '하나님의 축복'이었기 때문이다.

지금까지 그는 자신이 축복이라고 생각하는 것들을 얻기 위해 열심히 노력했다. 형 에서를 제치고 자신이 가문의 리더가 되길 원하고, 라헬을 아내로 얻길 원했으며, 목축업으로 큰 재산을 모으길 원했다. 마침내 원하는 이 모든 것을 다 얻었으므로 겉으로 볼 때 그는 성공한 사람이었다. 그러나 내면을 들여다보면 그는 파멸을 향해 가고 있었다. 그동안 주님은 여러 차례 그에게 말씀하셨다. "네가 축복이라고 믿는 것에 집착하지 말아라. 그것들에 주목하지 말고 내게 주목해라. 나 여호와가 네게 진정한 축복이니 나를 주인으로 받아들이고 나와 교제하자. 그러면 참된 복이 주어질 것이다." 이런 내용이었다. 그러나 야곱은 모두 흘려들었다.

다행히 그날 밤에는 눈과 귀가 열려 자신이 지금까지 잘못 살아온 것을 깨달았다. 진정한 축복은 하나님 안에 있음을 알게 된 야곱은 그 사람을 붙잡고 간곡히 부탁했다. "당신이 내게 축복하지 아니하면 가게 하지 아니하겠나이다." 이것은 야곱이 자신을 찾아오신 하나님께 드리는 진심 어린 기도였다.[85] 얍복 강변에서의 만남은 그의 인생 목표를 바꾸었으며, 야곱을 새사람으로 변화시켰다. 그가 변하니 에서에 대한 두려움은 자연스럽게 사라진다(창 33:10).

축복을 간절히 구하는 야곱에게 그 사람이 어떻게 응답하시는지 살펴보자.

"그 사람이 그에게 이르되 네 이름이 무엇이냐 그가 이르되 야곱이니이다 그가 이르되 네 이름을 다시는 야곱이라 부를 것이 아니요 이스라엘이라 부를 것이니 이는 네가 하나님과 및 사람들과 겨루어 이겼음이니라"(창 32:27-28).

'야곱'은 '발꿈치를 잡은 자'란 뜻으로, '속여 넘기다'라는 의미를 함축한다. 이 이름은 야곱이 살아온 인생을 정확하게 요약해 준다. 주님은 이런 그에게 '이스라엘'이라는 새 이름을 주셨다. 이는 '하나님과 겨루어 이김'이라는 뜻이다. 야곱은 이 씨름에서 졌고 그분께 온전히 항복했음에도, 주님은 야곱이 자신과 겨루어 이겼다고 말씀하신다. 사람이 주님과 어떤 문제로 씨름할 때는 가능한 한 빨리 자기 생각이나 계획을 내려놓고 그분께 항복해야 한다. 역설적이게도 그렇게 해야 하나님의 축복을 받을 수 있고, 그것이야말로 인생의 진정한 승자가 되는 길이다.

야곱이 용서받을 수 있는 근거

야곱은 그동안 많은 죄를 지었다. 가족들을 속이고, 라헬을 우상으로 섬기고, 재물을 하나님보다 더 사랑했다. 그는 야곱이라는 이름대로 '속이는 자'였다. 속이는 자는 죄인일 수밖에 없다. 그런데 그가 하루아침에 하나님의 복을 받는 '이스라엘'이 되었다. 어떻게 이런 일이 가능할까? 장차 그의 후손을 통해 오실 메시아로 인해 가능하다. 솔직히 말해, 야곱은 사랑스러운 면이 거의 없는 사람인데도 주님은 그를 사랑하셨다. 그가 고집스럽게 우상을 섬기며 자기의 길을 갈 때도 오래 참고 기다려주시고, 얍복강에서도 최대한 부드럽게 대하며 그의 항복을 받아 내고자 하신 것은 사랑하는 그가 다치는 것을 원치 않으셨기 때문이다. 그가 끝까지 항복하지 않고 점점 더 파멸로 치닫자, 하는 수 없이 그를 손보시느라 고관절을 치신 것이다. 야곱은 그 정도의 매를 맞지 않으면 항복하지 않을 사람이었기 때문이다. 사실 하나님의 법대로 하면 야곱이 받을 벌은 고관절을 맞는 정도가 아니라 사형이었다. 하나님께 버림받는 것이었다. 그런데 주님은 그를 대신해 메시아가 사형을 당하게 하시고, 하나님께 버림받게 하셨다. 여기서 그를 향한 하나님의 사랑이 얼마나 크고도 깊은지 드러난다.

야곱에게 일어난 일은 우리에게도 동일하게 일어났다. 우리는 모두 죄인이기에 우리 각자가 사형을 당해야 하고, 우리 각자가 버림을 받아야 한다. 그런데 메시아가 우리를 대신해 사형당하시고 버림당하셨다. 이처럼 하나님은 우리 각 사람을 사랑하시고 아끼신다. 우리가 그분에게 무관심하거나 헛된 우상을 따라갈 때도 최대한 우리를 부드럽게 다루심은 우리가 다치는 것을 원치 않으시기 때문이다. 하나님이 아브라함에게 말씀하신 대로, 그분 자체가 우리에게 가장 큰 축복이요 지극히 큰 보상이시다. 얍복강까지 가지 않고도, 즉 우리로서는 도저히 어찌할 수 없는 큰 시련에 처하지 않고도 이 사실을 깨닫고 그분께 항복하고 매달리는 것이 진정 지혜로운 모습이다.

24.
요셉은 어떻게 우상 숭배에 빠지지 않았을까?

아브라함은 오랫동안 '아들'이라는 작은 구원에 집착했고, 이삭은 장남 에서를 우상으로 삼아 편애했으며, 야곱은 라헬을 여신으로 여기고 오랜 세월 그녀에게 묶여 있었다. 창세기는 이들의 인생을 기술하면서 많은 페이지를 우상과 관련된 이야기에 할애했다. 이 사람들이 어떻게 우상을 섬기게 되었으며 그 피해가 무엇이었는지, 또 하나님이 어떻게 그들을 우상 숭배에서 건져 내셨는지 자세히 설명한다.

요셉으로 넘어오면 이야기가 달라진다. 그의 인생에 대한 서술에는 우상과 관련된 내용이 없다. 그도 사람인지라 하나님을 모셔야 할 마음의 중심에 다른 것을 품은 적이 있었을 텐데도, 그런 사실이 하나도 창세기에 기록되지 않았다. 이는 요셉이 우상 때문에 크게 실족한 적이 없다는 뜻이 아니겠는가. 이로 미루어 보건대 요셉이 우상에 대해 남달리 강한 저항력을 지녔음을 알 수 있다. 우상에 대한 면역력은 우리 모두에게도 필요하기에 요셉이 어떻게 이런 저항력을 지니게 되었는지 살펴보는 것도 중요하다.

여호와가 함께하신다는 의미

어떤 사람들은 요셉을 '영적인 슈퍼맨'으로 본다. 형들과는 달리 죄를 범하지 않았고, 노예로 팔려 갔을 때도 변함없이 믿음을 지켰고, 이집트 총리가 된 다음에도 형들에게 복수하지 않고 용서한 것으로 보아 특별히 선하고 거룩한 사람이라고 생각한다. 하지만 이는 섣부른 판단이다. 앞서 살펴보았듯이 그는 어릴 때 형들의 잘못을 아버지에게 일러바치기도 하고, 아버지의 사랑을 받지 못하는 형들을 이해하지 못했던 평범한 소년이었다. 또 노예로 팔리는 현장에서 두려워 떨며 살려달라고 애원했던 보통 사람이다(창 42:21).

소년 요셉은 졸지에 모든 것을 잃었다. 가족과 교육의 기회와 재산과 자유까지 모든 것이 엎질러진 물처럼 흩어져 버렸다. 평생 노예로 살아가야 하는 끔찍한 운명에 처했다. 아무리 강인한 사람도 이런 깊은 수렁에 빠지면 다시 올라오는 것이 거의 불가능해진다. 그런데 몇 년 지나지 않아 믿기 어려운 일이 일어났다. 파라오의 친위대장 보디발이 이 소년을 자기 집의 모든 것을 관리하는 매니저로 임명한 것이다. 외국에서 팔려 온 노예가 선진국 이집트의 친위대장 집에서 '가정 총무'가 되었다는 것은 기적에 가까운 일이다. 어떻게 이런 일이 가능했을까?

하나님이 요셉을 회복시키고 일으키셨기에 가능한 일이었다. 창세기는 이와 관련해 여호와가 요셉과 함께하셨다는 사실을 반복해 강조한다.

"여호와께서 요셉과 함께 하시므로"(창 39:2a).

이 말씀이 무슨 뜻일까? 여호와는 요셉을 아셨고, 그와 늘 함께 하셨다. 아버지 야곱의 집에 있을 때도, 이집트로 팔려 갔을 때도 그랬다. 하지만 이 말씀은 그 이상에 대한 언급이다. 문맥을 고려할 때 이는 '여호와가 요셉과 동행하셨다'는 의미로 봐야 한다.

하나님은 우리 각 사람과 동행하기를 원하시지만 그분이 원하신다고 동행이 시작되는 것은 아니다. 우리 편에서 해야 할 것이 있는데, 그것은 그분이 누구신지 알고 받아들이는 것이며, 그분께 순복하는 것이다. 다시 말해, 그분을 자신의 하나님으로 믿고 따라가는 것이다. 우리 편에서 이런 회개와 결심이 없으면 그분과의 동행은 시작되지 않고 '기다림'이 계속될 뿐이다. 누가 누구를 기다리는가? 주님이 우리를 기다리신다. 가짜 신들을 따라가는 우리, 자신이 원하는 것만 추구하며 그분께는 진지한 관심이 없는 우리, 그렇게 인생을 허비하는 우리를 하나님이 기다리신다. 그분의 초청에 응답하기를 기다리고 또 기다리신다.

오랫동안 주님을 기다리게 했던 대표적인 인물이 야곱이다. 그는 에서를 피해 외삼촌 집으로 도망가던 중 벧엘에서 노숙을 하면서 꿈에 하나님을 만났다. 그때 주님은 이렇게 말씀하셨다.

> "내가 너와 함께 있어 네가 어디로 가든지 너를 지키며 너를 이끌어 이 땅으로 돌아오게 할지라 내가 네게 허락한 것을 다 이루기까지 너를 떠나지 아니하리라"(창 28:15).

그분은 자신이 야곱과 함께 있겠다고 약속하셨다. 이는 "야곱아, 이제 후로는 나와 동행하자. 나를 따라오너라" 하시는 초청이었다. 이제 야곱의 인생에 '하나님과의 동행'이라는 놀라운 일이 시작하는 것일까?

그 후 20년 동안 야곱이 어떻게 살았는지를 보면 실망을 금할 수 없다. 야곱의 무관심 때문에 동행은 이루어지지 않았고 주님의 기다림만 계속되었다. 긴 세월이 흐른 후, 얍복 강변에서 절체절명의 위기에 몰리자 야곱은 하나님께 처음으로 순복했다. 그때서야 비로소 동행이 시작되었다.

감옥에 갇혔는데 '형통한 자'라니?

아버지 야곱은 중년이 되어서야 그분과 동행을 시작한 반면, 아들 요셉은 훨씬 젊은 나이에 시작했다. 하나님이 함께하시고 동행하시면 편하고 좋은 일이 일어나야 할 것 같은데, 요셉의 경우를 보면 반드시 그런 것은 아님을 알 수 있다. 창세기에는 "여호와가 요셉과 함께하셨다"는 기록이 모두 네 번 나온다. 두 번은 보디발의 집에서 노예 생활을 시작할 때이며, 나머지 두 번은 누명을 쓰고 감옥에 들어가 수감 생활을 시작할 때다. 그분이 함께하시는데도 요셉은 여전히 노예였고, 여전히 누명을 쓰고 감옥에 있었다.

더욱이 창세기는 이런 역경에 처해 있는 요셉에 대해 그가 '형통한 자'가 되었다고 반복해 강조한다.

> "여호와께서 요셉과 함께 하시므로 그가 형통한 자가 되어 그의 주인 애굽 사람의 집에 있으니"(창 39:2a).

> "간수장은 그의 손에 맡긴 것을 무엇이든지 살펴보지 아니하였으니

이는 여호와께서 요셉과 함께 하심이라 여호와께서 그를 범사에 형통하게 하셨더라"(창 39:23).

'형통한 자'(a successful man)가 되었다는 것이, 모든 일이 잘 풀리며 내 뜻대로 되었다는 의미는 아닌 것 같다. 가정 총무의 자리에 올랐지만 그는 여전히 보디발의 노예였고, 사람들은 노예를 보고 "저 사람 성공했다"라고 말하지 않는다. 그럼에도 창세기는 "그가 성공한 자가 되었다"고 하고, 심지어 감옥에 들어갔을 때도 "하나님 덕분에 성공했다"고 한다. 여기서 하나님이 말씀하시는 성공은 세상에서 사람들이 말하는 성공과 많이 다르다는 것을 알 수 있다. 노예가 된 요셉, 감옥에 들어간 요셉은 사람들의 눈에는 실패한 것으로 보이겠지만 하나님이 보시기에는 성공한 것이다. '하나님이 함께하시는 자'가 진정으로 성공한 자이며, 그분과 동행하는 자가 참으로 형통한 자이기 때문이다.

노예살이와 감옥살이는 큰 시련임에 틀림없다. 비유컨대 요셉의 인생은 이 시련으로 거의 부도가 날 뻔했고, 인생 통장의 잔고는 제로를 지나 마이너스 수백억으로 떨어졌다. 그러나 하나님과의 동행이라는 보상이 지급되자 상황은 급반전되었으며, 하늘에서 지급된 이 보상은 그 가치가 너무나 커 모든 부도를 막고도 남아 흘러넘쳤다.

유혹을 이길 수 있었던 진짜 이유

요셉은 외모가 출중한 청년이었다. 보디발의 아내가 드러내 놓고 그를 유혹했다. 그 유혹은 날마다 계속되었다. 요셉이 어떻게 '이 달콤하지만 독이 든 잔'을 끝까지 거절할 수 있었을까? 그의 말을 들어 보자.

> "요셉이 거절하며 자기 주인의 아내에게 이르되 내 주인이 집안의 모든 소유를 간섭하지 아니하고 다 내 손에 위탁하였으니 이 집에는 나보다 큰 이가 없으며 주인이 아무것도 내게 금하지 아니하였어도 금한 것은 당신뿐이니 당신은 그의 아내임이라 그런즉 내가 어찌 이 큰 악을 행하여 하나님께 죄를 지으리이까"(창 39:8-9).

요셉은 자기를 신뢰해 가정 총무로 세워 준 보디발을 배신하고 싶지 않았지만, 그것이 유혹을 이길 수 있었던 이유의 전부는 아니다. 그에게는 그보다 더 중요한 이유가 있었다. 그것은 그가 '하나님께' 죄를 지을 수 없었기 때문이다. 요셉은 주인의 아내와 은밀한 관계를 맺는 것이 주인뿐 아니라 하나님께도 죄를 범하는 행위임을 알았다. 그런 행위가 '하나님이 보시기에' 큰 악임을 알았던 것이다. 죄를 범하면 대가가 따른다. 하나님께 엄한 꾸중을 들어야 하고 그분과의 교제는 단절된다. 요셉은 이런 값비싼 대가를 지불할 마음이 전혀 없었다. 아무리 달콤하고 매력적인 것이 주어진다 해도, 주님과의 교제를 상하게 하고 싶지 않았으며 그분과의 동행에 문제가 생기게 하고 싶지 않았다. 그래서 다가온 유혹을 단칼에 거절했다.

오래전에 한 청년이 내게 상담을 요청했다. 그는 어린 시절에 캐나다 몬트리올로 이민 와서 자란 한인 2세로 그 무렵 대학에 입학했다. 캠퍼스에서 만난 여자친구를 사귀고 있는데 고민이 있다고 했다. 그 여학생은 중국인 2세로서 몬트리올에서 태어나 자랐는데, 그리스도인이 아니었기에 남녀관계에 대해 자유분방한 생각을 가지고 있었다. 만남이 계속되면서 두 사람은 육체적으로도 서로에게 끌리기 시작했다. 전형적인 캐나다 젊은이의 사고방식을 가진 그녀에게는 이런 관계가 자연스러웠다. 반면 그 청년의 마음은 편하지 않았다. 그가 내게 이런 요지의 말을 했다. "목사님, 여자친구와 제가 서로 많이 사랑하기 때문에 이대로 가면 선을 넘을 것 같아요. 제가 그 애랑 가까워지면 가까워질수록 하나님과는 점점 멀어지는 것 같아 두려워요." 나는 단지 그 청년의 얘기를 들어 주었을 뿐 특별한 조언은 하지 않았다. 그리고 함께 주님의 인도를 구하며 기도했다. 그때부터 청년은 여자친구와의 관계를 정리하기 시작했다. 이별의 아픔은 고통스러웠지만 여자친구 때문에 주님과의 관계가 막히는 것을 원치 않았던 그는 그 아픔을 참고 견뎠다. 이 과정을 옆에서 지켜보면서 하나님이 이 청년과 동행하고 계심을 알게 되었다. 비록 신앙 연륜은 짧지만 마음의 첫 자리에 주님을 모시고 있기에 가짜 신이 매혹적인 모습으로 다가와도 분별하고 물리칠 수 있었던 것이다.

우리는 스스로의 힘으로는 우상 숭배를 피하지 못한다. 많은 경우, 사람들은 그것이 우상인지도 모른 채 그것을 섬기며 끌려다닌다. 그것이 우상임을 알아도 거기서 벗어나기가 매우 어려운 것은, 우상의 유혹은 지독하게 강한 반면 우리의 의지는 어처구니없이 약하기 때문이다. 힘든 싸움 끝에 마음에 똬리를 틀고 있는 우상 하나를 뽑아내 버린다 해도, 얼마 지나지 않아 다른 우상이 슬며시 들어와 새롭게 똬리를 튼다.

이처럼 불리한 싸움을 하고 있는 우리에게 요셉은 반가운 소식을 전해 준다. 창세기에 기록된 요셉 이야기를 잘 읽어 보면 우리가 우상과의 싸움에서 승기를 잡을 수 있는 한 가지 비법을 발견할 수 있는데, 그것은 '하나님과 동행하는 기쁨'이다. 이 기쁨을 알면 알수록 우상에 대한 흥미가 점점 시들해질 것이 분명하기에 우리는 이 기쁨을 맛보고 경험해 봐야 한다. 주님이 주시는 용서가 내 영혼을 깊은 수렁에서 건져 내는 감격을 경험해 보고, 나를 향한 그분의 넓고도 깊은 사랑을 체험해 봐야 한다. 예배와 성경 공부, 큐티, 기도를 통해 그분과 교제하고, 또 교우들과 교제하는 일이 세상의 어떤 즐거운 오락이나 취미, 만남, 성취보다 훨씬 더 즐겁다는 것을 경험해 봐야 한다. 하나님과 동행하는 기쁨을 알면 알수록 우리는 우상에 대해 점점 더 강한 저항력을 가질 것이다.

6부

파라오의 노예가 되겠습니다

흉년이 아직 다섯 해나 남아 있었다. 가나안 땅은 그렇게 혹독한 흉년을 견디기에 적합한 곳이 아니어서 야곱의 가족이 계속 그 땅에 남아 있다가는 아사할 위험이 컸다. 누구보다 상황 판단이 빠르고 정확한 요셉은 형들과 해후한 그 자리에서 그들과 아버지와 온 가족을 이집트로 초청했다.

> "당신들은 속히 아버지께로 올라가서 아뢰기를 아버지의 아들 요셉의 말에 하나님이 나를 애굽 전국의 주로 세우셨으니 지체 말고 내게로 내려오사 아버지의 아들들과 아버지의 손자들과 아버지의 양과 소와 모든 소유가 고센 땅에 머물며 나와 가깝게 하소서"(창 45:9-10).

그는 아버지와 친동생 베냐민뿐 아니라 열 명의 형과 그 가족들을 다 초청했다. 요셉은 과거 형들에게 큰 상처를 받았고, 이런 종류의 트라우마에서 벗어나기는 결코 쉽지 않다. 용기를 내 형들을 용서한다 해도 그들을 자주 만나고 싶지는 않을 것이다. 그런데 요셉은 형들이 이집트로 이주해 자기와 가까운 곳에서 살기를 원했다. 그가 트라우마에서 온전히 치유되었으며 형들을 온전히 용서해 앙금이 남아 있지 않았다는 것을 알 수 있다.

형들은 즉시 가나안 땅으로 돌아가 아버지와 온 가족, 곧 70명에 이르는 대가족을 데리고 이집트로 이주했다. 파라오는 그들을 크게 환영하고 식량을 넉넉히 공급해 주었으며, 고센 땅을 거저 주고 거기서 목축을 하며 살 수 있도록 배려해 주었다. 라암셋으로도 불리는 그 땅은 나일강 삼각주 동북 지역에 위치한 비옥한 땅이었다. 그들은 비록 이민자들이지만 요셉 덕분에 이 같은 최고의 대우를 받을 수 있었다. 이렇게 해서 야곱의 가족은 대흉년에서 살아남을 수 있었고, 나아가 그 땅에서 400여 년을 살면서 생육하고 번성해 큰 민족으로 성장하게 된다(출 1:7).

야곱의 가족 70명이 가나안을 떠나 이집트로 이주해 정착하는 사건이 창세기 46장 1절부터 47장 12절에 이르기까지 상세히 기록되어 있다. 이는 역사적으로 대단히 중요한 사건이다. 그리고 몇 구절 뒤인 창세기 48장 1절부터 49장 33절까지에는 야곱이 아들들을 위해 축복 기도하는 내용이 나오는데 이 역시 대단히 중요한 사건이다. 이 기도에는 여러 예언이 들어 있어 하나님이 앞으로 이스라엘 백성과 온 세상을 위해 하실 일을 이해하는 데 큰 도움이 된다.

이 '이집트 이주 사건'과 '축복 기도' 사이에 특이한 사건 하나가 삽입되어 있다(창 47:13-26). 일곱 해 흉년 중에 요셉이 이집트 총리로서 수행한 일에 대한 기록이다. 이는 야곱의 가족과는 큰 관계가 없으므로 생략해도 무방할 것처럼 보인다. 그런데 왜 창세기 기자는 이 사건을 자세히 다루었을까?

25.
이집트인들이 봉착한 식량 문제

7년 대흉년이 한 해, 또 한 해 계속되자 이집트와 가나안 땅은 점점 더 황폐해졌고, 캐 먹을 풀뿌리조차 찾을 수 없었다. 이집트인들은 왕에게 식량 문제를 해결해 달라고 호소했다(창 41:55). 다행히 각 성 창고에는 정부가 미리 비축해 둔 곡식이 가득 차 있었다. 일곱 해 풍년 동안 요셉의 명령에 따라 백성이 추수한 것의 5분의 1을 세금으로 받아 모아 둔 것이다(창 41:34, 48). 이제 그 곡식을 풀 때다. 요셉이 세운 정책에 따라 이집트 정부는 백성에게 곡식을 팔기 시작했다.

> "요셉이 곡식을 팔아 애굽 땅과 가나안 땅에 있는 돈을 모두 거두어 들이고 그 돈을 바로의 궁으로 가져가니 애굽 땅과 가나안 땅에 돈이 떨어진지라"(창 47:14-15a).

기근이 이어지다 보니 사람들은 계속 곡식을 사야 했고, 결국 가진 돈이 다 떨어지고 말았다. 요셉은 이렇게 벌어들인 돈을 파라오의 궁으로 가져갔고, 이집트 왕궁은 이 돈으로 엄청나게 많은 수입을 올릴 수 있었다.

백성의 돈주머니는 비었으나 기근은 계속되었기에 그들은 요셉에게 찾아와 이렇게 사정했다.

"돈이 떨어졌사오니 우리에게 먹을 거리를 주소서 어찌 주 앞에서 죽으리이까"(창 47:15b).

요셉은 망설이지 않고 다음 정책을 실행에 옮겼다.

"너희의 가축을 내라 돈이 떨어졌은즉 내가 너희의 가축과 바꾸어 주리라"(창 47:16).

가축 중에서 소와 나귀는 농사에 필수적이다. 그럼에도 이집트인들은 양 떼뿐 아니라 소와 나귀들까지 끌어와 양식으로 바꾸었다. 굶어 죽지 않으려면 어쩔 수 없는 선택이었다.

이듬해가 되자 마침내 기근이 끝났다. 바닥까지 떨어졌던 나일강의 수위는 서서히 올라가기 시작했을 것이다. 6월이 되면 강이 범람할 만큼 물이 많아질 것이고, 7년 동안 마르고 금이 갔던 땅이 촉촉이 젖어 이제 곧 밭이 준비될 것이다. 그런데 막상 뿌릴 종자가 없다. 작년에 가축을 내고 바꾸어 온 곡식은 이미 다 먹었다. 정부의 곳간에는 아직 곡식이 남아 있지만 사람들에게는 그것을 살 만한 돈도 가축도 남아 있지 않았다. 어디서 소위 '영끌'해 어렵게 종자를 구해 와 심는 것도 답이 될 수 없는 이유는, 그것이 자라 추수하기까지는 적어도 4-5개월이 걸리기 때문이다. 지금 당장 먹을 것이 없는 상황에서 어떻게 그처럼 긴 시간을 견딘단 말인가. 곡식이 채 자라기도 전에 온 식구가 아사할 확률이 백 퍼센트에 가깝다.

역사를 보면 흉년은 사회의 심각한 혼란을 초래하곤 했다. 1315년부터 1317년까지 유럽에 중세 시대 최악의 흉년이 들었다. 밀의 가격은 적게는 세 배, 많게는 여덟 배까지 뛰었고, 평민뿐 아니라 귀족들도 굶주림을 피하지 못했다. 많은 사람이 죽어 나갔고, 폭도로 변한 이들은 먹을 것을 구하고자 약탈을 일삼았다. 절망적인 상황이 계속되다 보니 인육을 먹는 일도 도처에서 일어났다.[86] 고대 이집트에서도 이와 유사한 폭동이 일어나거나 폭도로 변한 사람들이 정부의 곡식 창고를 습격할 수도 있었다. 만일 그런 일이 일어났다면 이집트는 큰 혼란에 빠졌을 것이고, 흉년이 끝난 뒤에도 나라의 법과 질서가 크게 무너져 이를 복구하는 데 많은 세월이 필요했을 것이다.

몸을 내주고 식량을 사다

다행히 이집트 백성은 그런 폭력적인 길을 택하는 우를 범하지 않고 질서를 지키며 이성적으로 행동했다. 대흉년이 끝나기까지 사회 질서를 유지할 수 있었던 것은 총리 덕분이었는데, 백성이 요셉을 끝까지 신뢰하고 그의 지도력을 인정했기 때문이다. 마지막 위기 앞에서도 그들은 의지할 대상이 총리밖에 없음을 알고 찾아와 도움을 청했다.

"우리가 주께 숨기지 아니하나이다 우리의 돈이 다하였고 우리의 가
축 떼가 주께로 돌아갔사오니 주께 낼 것이 아무것도 남지 아니하고

우리의 몸과 토지뿐이라"(창 47:18b).

이집트인들은 자존심을 내세우며 자신들의 형편을 숨기지 않고, 돈도 떨어지고 가축도 남아 있지 않은 어려운 사정에 대해 솔직히 말했다. 이제 그들에게 남은 것은 자신들의 몸과 토지밖에 없었기에 생사의 갈림길에 선 그들은 이렇게 사정했다.

"우리가 어찌 우리의 토지와 함께 주의 목전에 죽으리이까 우리 몸과 우리 토지를 먹을 것을 주고 사소서 우리가 토지와 함께 바로의 종이 되리니 우리에게 종자를 주시면 우리가 살고 죽지 아니하며 토지도 황폐하게 되지 아니하리이다"(창 47:19).

자신들의 몸과 농토를 내고 곡식을 사도록 허락해 달라는 간청이다. 그렇게 되면 이 사람들은 왕의 노예가 되며 그들의 토지 소유권은 왕에게로 넘어간다.

농사짓는 사람에게 토지는 생명과 같다. 무슨 일이 있어도 땅은 지키고 싶었을 것이다. 그러나 목숨을 지키기 위해서는 땅의 소유권을 포기할 수밖에 없었다. 아무도 왕의 노예가 되고 싶지는 않았겠지만 그 길 외에는 방법이 없었다. 총리가 먼저 백성에게 토지와 몸을 요구한 것이 아니라 그들 스스로 이 같은 거래를 제안했다. 농지를 잃고 노예가 되더라도 아사를 면하는 것이 상책이라고 믿었다.

요셉은 그들의 청을 들어 주며 말했다.

"오늘 내가 바로를 위하여 너희 몸과 너희 토지를 샀노라 여기 종자가 있으니 너희는 그 땅에 뿌리라 추수의 오분의 일을 바로에게 상납하고 오분의 사는 너희가 가져서 토지의 종자로도 삼고 너희의 양식으로도 삼고 너희 가족과 어린 아이의 양식으로도 삼으라"(창 47:23-24).

그들이 제안한 대로 거래가 이루어졌다. 요셉은 이집트인들의 농지와 그 몸을 받고 곡식을 팔았다. 덕분에 그들은 먹을 양식과 밭에 뿌릴 종자를 충분히 확보했다. 7년 대흉년에서 마침내 온전히 벗어나게 된 것이다. 그때부터 이집트인들은 농사를 지어 수확한 것의 20%를 왕에게 바치고 나머지 80%는 자신들이 소유했다. 대흉년 전에는 자유인이었고 각자 자기 소유의 땅에서 농사를 지었지만, 이제는 왕의 노예가 되어 왕의 소유지에서 농사를 짓게 되었다.

이집트인들의 입장에서 한번 생각해 보자. 이 거래 덕분에 목숨을 건진 것은 분명 다행이었지만, 땅의 소유권을 상실하고 노예가 된 것은 너무 속상하고 낙심되는 일이 아니었을까? 혹시 그들이 후회하고 거래를 취소해 달라며 반발하지는 않았을까?

이 거래 후에 백성은 이렇게 말했다.

"주께서 우리를 살리셨사오니 우리가 주께 은혜를 입고 바로의 종이 되겠나이다"(창 47:25).

그들은 후회하거나 속상해하지 않고 오히려 요셉에게 깊이 감사했다. 총리 덕분에 그들과 자녀들이 아사를 피했다는 사실을 잘 알았기 때문이다. 그래서 기꺼이 토지 소유권을 정부에 넘기고 왕의 종이 되겠다고 했다. 역설적이게도 대흉년에서 살아남을 수 있었던 유일한 길은 '노예가 되는 것'이었고, 이집트인들은 그런 길을 만들어 줌으로 자신들의 생명을 구해 준 총리에게 진심으로 감사했다.

　노예는 사적인 재산을 갖지 못한다. 농사를 지어 얻은 소출은 오롯이 주인의 소유이며, 노예에게는 숙식만 제공될 뿐이다. 요셉은 몸값을 지불하고 이집트인들을 샀다. 그들은 이제 왕의 소유다. 그럼에도 그들에게 노예에 걸맞지 않은 큰 혜택을 주었는데, 그것은 사적인 재산을 소유할 수 있도록 허락해 준 것이다. 각 사람은 농사를 지어 얻은 수확의 20%만 세금으로 바치고, 80%는 자신이 소유할 수 있었다. 백성에게 부담을 주지 않는 적절한 세율로 고대 사회에서는 찾아보기 어려운 낮은 세율이었다.[87] 문서상으로는 왕의 노예지만 실제로는 거의 자유인 대우를 해준 것이다.

26.
노예가 되어야
산다

　메시아는 어떤 분이시며 무슨 일을 하실까? 하나님은 이 정보의 일부를 요셉의 삶과 행동을 통해 미리 보여 주셨다. 그런 점에서 요셉은 장차 오실 메시아의 예표(foreshadowing), 즉 역사가 미리 보여 주는 그분의 모습이었다. 요셉 외에도 모세나 다윗 등 여러 사람이 메시아의 예표가 되었다. 구약 성경에는 앞으로 오실 메시아에 대한 정보가 많이 있다. 요셉의 지도 아래 이집트인들이 대흉년에서 살아남은 지금 이 사건에도 메시아에 대한 정보가 담겨 있다. 메시아가 오시기 이전에 살았던 사람들에게 이런 정보는 소중했다. 이를 통해 장차 오실 메시아가 어떤 분이시며, 무슨 일을 하실지 어느 정도 알 수 있었기 때문이다. 메시아가 오시고 교회가 세워진 이후에 살고 있는 우리에게도 구약 성경에 담긴 메시아에 대한 정보는 소중하다. 신약 성경에 기록된 그분에 관한 내용을 이해하는 데 큰 도움을 주기 때문이다.

멍에를 메면 쉼을 얻는다

창세기에 기록된 대흉년 사건이 복음서에 기록된 예수님의 말씀을 이해하는 데 어떻게 도움이 되는지 간략히 살펴보자. 메시아 예수님이 사역하실 당시 갈릴리 호수 근처에 큰 무리가 모인 적이 있었다. 그분께 관심을 가지고 모인 사람들이었다. 예수님은 말씀을 풀어 가르치심으로 그들에게 영혼의 양식을 먹이셨는데, 이는 그들이 영적인 기근 아래 있음을 아셨기 때문이다. 그 사람들뿐 아니라 온 세상이 영적인 흉년을 겪고 있었고, 그때와 같이 지금도 이 흉년은 계속되고 있다. 인류가 생명의 근원이신 하나님께 등을 돌린 이후로 아무도 피하지 못하는 기근이다. 주님의 말씀은 해 질 녘까지 계속되었다. 영혼이 주리고 헐벗은 그들을 향한 안타까움으로 온 마음을 다해 긴 시간 동안 말씀을 이어 가셨다(막 6:34). 사람들은 일찍이 맛보지 못한 맛있고 영양가 있는 말씀의 잔치를 즐기고 있었다.

집회가 끝나고 저녁 식사 때가 되었는데 무리에게 먹을 것이 없었다. 그곳이 빈들이라 음식을 살 만한 곳도 없어 난처한 상황에 처했을 때 예수님이 특별한 일을 하셨다. 제자들이 구해 온 보리떡 다섯 개와 생선 두 마리로 그 많은 사람을 배부르게 먹이신 것이다(막 6:35-44). 주님이 그런 초자연적인 일을 하신 목적은 단순히 그 사람들의 한 끼 식사를 해결해 주시기 위함만은 아니었다. 그보다 더 높고 큰 불멸의 진실인 자신이 메시아이심을 알려 주시기 위함이었다. 영적 기근으로 황무해진 세상에서 굶주린 채 고달프게 살아가는 사람들을 구원할 분이 바로 자신임을 나타내 보이신 것이다. 하지만 그 사건에 담긴 뜻을 알아차리고 그분이 메시아이심을 알아본 사람은 거의 없었다.

예수님의 인기는 그전보다 더 높아져 사람들은 그분을 자신들의 왕으로 모시고 싶어 했다. 이런 분이 왕이 되어 다스리시면 적어도 빵 문제는 확실히 해결될 것이라는 기대감이 고조되었다. 그런 희망을 가지고 다음 날에도 자신을 찾아온 사람들을 향해 주님은 이렇게 말씀하셨다.

"나는 생명의 떡이니 내게 오는 자는 결코 주리지 아니할 터이요 나를 믿는 자는 영원히 목마르지 아니하리라"(요 6:35).

그분은 떡, 즉 빵에 대해 말씀하시는데, 이는 사람들이 매일 먹는 일반적인 빵과는 전혀 다른 것이다. 사람들은 당장 배불리 먹을 수 있는 빵과 창고에 두둑이 쌓아 두고 먹을 수 있는 양식을 원했지만, 주님은 그런 빵보다 훨씬 중요한 빵이 있다고 하셨다. 그것은 바로 '생명의 빵'이다. 이 특별한 빵은 사람의 영혼을 살리는 양식이기에, 아무리 심한 영양실조로 기진하고 상한 영혼도 이 빵을 먹으면 건강하게 회복된다. 하나님과의 관계가 끊어져 인생 전체가 메말라 버린 사람도 이 빵을 먹으면 소생할 수 있으며, 더 나아가 이 빵은 사람에게 영원한 만족을 준다.

이런 예사롭지 않은 빵을 아무 데서나 구할 수는 없다. 사람은 아무리 애써도 스스로의 힘으로는 이런 빵을 구하지 못하며, 다른 사람이 도와줄 수도 없다. 7년 대흉년으로 신음하던 이집트인들이 양식을 구하려면 오직 요셉에게 가야 했듯이, 이 빵을 얻기 위해서는 생명의 빵이신 예수님께 가야 할 뿐 다른 길은 없다.

이제 우리는 그 빵이 어디 있는지 안다. 그것을 얻기 위해서는 예수님께 가야 함도 안다. 주님 편에서 말하면 '내게 오는 자'이며, 우리를 기준으로 하면 '그분께 가는 자'다. '내게로 오다' 혹은 '그분께 가다'라는 것은 구체적으로 어떻게 하는 것일까? 예수님은 마태복음 11장 28-30절에서 이에 대해 설명해 주셨다.

"수고하고 무거운 짐 진 자들아 다 내게로 오라 내가 너희를 쉬게 하리라 나는 마음이 온유하고 겸손하니 나의 멍에를 메고 내게 배우라 그리하면 너희 마음이 쉼을 얻으리니 이는 내 멍에는 쉽고 내 짐은 가벼움이라."

여기서 "내게로 오라"라는 말씀은 곧 "나의 멍에를 메라"라는 권면이다. 멍에란 소가 수레나 쟁기를 끌게 하기 위해 목에 얹는 나무로 된 기구다. 멍에를 메지 않은 어린 소는 아무 때든 아무 곳이나 가고 싶은 대로 가고, 서고 싶은 대로 선다. 소가 충분히 자라면 주인은 소의 어깨에 멍에를 올리는데, 그때부터 소는 자기 마음대로 못 하고 주인의 명령에 따라 가고 서야 한다.

"나의 멍에를 메라"라는 요구는 사람 사이에서는 해서는 안 될 말이다. "나의 노예가 되어라"라는 뜻을 담고 있어 인격을 모독하는 말이 되기 때문이다. 하지만 예수님이 우리에게 이런 요구를 하시면 그것은 합당한 요구이며 인격 모독이 되지도 않는다. 실제로 그분이 우리를 창조한 분이시요, 우리 생명의 주인이시기 때문이다. 또 죄로 멸망할 수밖에 없는 인류를 위해 스스로 죽음의 길을 걸어가신 분이시기 때문이다.

요약하자면 예수님은 생명의 빵이시며, 그분만이 영적 기근으로 황폐한 세상에서 우리에게 양식을 주실 수 있고, 그분만이 무거운 짐을 지고 가는 사람들에게 참된 쉼을 주실 수 있다. 그분 안에 영원한 만족과 영생이 있다. 주님은 이 모든 선물을 우리에게 주기 원하시는데 다만 한 가지 조건이 있다. 그분의 멍에를 메어야 하며, 그분을 나의 주인으로 모시고 나는 그분의 노예가 되어야 한다는 것이다. 따라서 '예수님께 간다'는 것은 일종의 노예 계약서에 서명하는 것이라고 볼 수 있다.

노예가 된다고 하면 끔찍하게 들리겠지만, 주인이 누구인지에 따라 그 의미는 하늘과 땅만큼의 차이가 난다. 대흉년 중에 고대 이집트인들은 "파라오의 노예가 되겠습니다" 하며 즐거이 서명했는데, 그것이 대기근에서 살아남을 수 있는 유일한 길이었기 때문이다. 사람이 어떻게 하면 구원을 받을 수 있는가? "나는 그리스도의 노예가 되겠습니다"라고 자원해 서명하고, 그분을 주인으로 모시고 살아가면 구원받는다.

고대 이집트인들의 파라오에 대한 태도와 오늘날 사람들의 하나님께 대한 태도를 비교해 보자. 어느 쪽이 더 겸손하고, 어느 쪽이 더 자원해 주인의 종이 되고자 하며, 어느 쪽이 주인에게 더 많이 감사하는가? 그것은 두말할 것 없이 이집트인들이다. 여호와는 이집트 왕과 비교할 수 없이 크고 완벽하시며, 선하시고, 사랑과 진리로 충만한 분이시다. 그럼에도 많은 사람이 그분의 종이 되기를 꺼린다. 진정한 해방과 구원을 얻기 위해서는 그분께 항복하고 그분의 노예가 되어야 한다는 사실을 믿지 못하고 거부하다 파멸에서 벗어나지 못하는 비극이 너무 많다. 이런 사실이 참으로 슬프고 안타깝다.

오늘날과 같은 영적 대흉년의 시대에 사람이 살아남을 수 있는 유일한 길은 왕이신 예수님의 품으로 돌아가는 것뿐이다. 그분의 노예가 됨으로써 진정한 자유를 얻을 수 있다는 것은 변하지 않는 역설적 진리다. 요셉의 지도로 이집트인들이 7년 대흉년에서 살아남은 사건이 이러한 사실을 강하게 뒷받침해 준다.

노예의 특권

끝으로 꼭 짚고 넘어가야 할 한 가지 문제가 있다. 그것은 현대인이 자아실현을 위해 목숨처럼 여기는 개성과 주관은 어떻게 되는가 하는 것이다.

사람은 각기 개성을 가지고 살아가며, 개성을 살릴수록 삶의 질이 높아진다. 만일 사람이 누군가의 노예가 된다면 자신의 개성을 살리기 어려울 뿐 아니라, 최소한의 개성도 포기해야 할 가능성이 크다. 노예는 주인을 위해 사는 존재이기 때문이다. 그렇다면 예수님의 노예도 마찬가지가 아닐까? 그분의 노예가 되면 우리 각자의 개성을 잃어버리는 것이 아닐까?

사람은 각자 자기 주관을 가지고 살아가며 자신만의 견해와 관점이 있다. 그것이 합리적일 수도 있고 아닐 수도 있으며, 성숙할 수도 있고 아닐 수도 있지만, 그럼에도 사람은 자기 주관을 포기하지 않는다. 주관을 포기한다는 것은 자유를 포기하는 것과 같기 때문이다. 노예는 자기 주관을 가지지 못한다. 마음속으로는 어떨지 몰라도 드러내 놓고 표현하지는 못한다. 그렇다면 예수님의 노예도 마찬가지가 아닐까? 그분의 노예가 되면 우리의 주관을 잃어버리는 것이 아닐까?

우리가 예수님의 멍에를 메고 그분의 노예가 되면, 구원은 보장되지만 자기 개성을 포기하고 주관도 갖지 못하게 될 것이라고 두려워

할 수도 있다. 무미건조하고 재미없게 살게 될지도 모른다고 삶의 질 문제와 연결해 염려할 수도 있다. 이 문제에 대해 C. S. 루이스는 이렇게 말했다.

> 우리가 '자기 자신'이라고 부르는 것에서 벗어나면 벗어날수록, 그분께 자신을 드리면 드릴수록, 그만큼 더 우리는 진정으로 자기다워집니다.[88]

예수님의 노예가 되어도 우리의 개성과 주관을 잃어버리지 않는다. 그분을 주인으로 모시고 따라갈 때, 역설적이게도 우리의 개성과 주관은 점점 더 피어나 만개할 수 있다. 우리는 그분 안에서 진정으로 가장 자기다워진다.

어떻게 이런 일이 가능할까? 예수님은 세상에서는 찾아볼 수 없는 특별한 주인이시기 때문이다. 그분은 한없이 높은 분이심에도 그 마음이 상상을 초월할 정도로 온유하고 겸손하시며, 이에 더해 우리를 지극히 사랑하신다. 이런 분과 맺는 주종 관계는 우리의 자유를 구속하고 개성과 주관을 억압하는 사슬이 아니라, 조난당한 우리를 구조하는 밧줄이자 생명의 양식을 공급해 주는 탯줄이며, 선등자(先登者, lead climber)이신 그분과 우리를 연결하는 자일(seil)이다.

감사의 글

요셉의 형들처럼 죄와 상처로 마르고 황폐해진 내 인생에 예수님께서 찾아오셨다. 사랑의 단비로 나의 영혼을 소생시켜 주신 예수님께 깊은 감사를 올려드린다.

이 책을 쓰는 데 도움을 주신 분들이 많다. 내 아내 우혜란 사모는 내가 집필을 시작하도록 용기를 북돋웠고 원고를 완성하기까지 한결같이 곁에서 편안한 환경을 만들어 주며 수시로 유익한 조언을 건네주었다. 아들 준영과 딸 다영은 늘 아빠를 믿어주고 성원해 주었다. 내 아버지 문학박사 이몽희 님은 내게 자상하게 글쓰기를 가르쳐 주셨으며 정성을 다해 이 책의 문장을 읽기 좋게 다듬어주셨다. 지금은 천국에 계신 내 어머니의 기도는 늘 내게 용기를 주셨고, 사랑하는 동생 혜원의 응원도 내게 큰 힘이 되었다. 나의 외숙부 김인식 장로님의 격려와 기도는 내 신앙에 밑거름이 되었다. 나의 숙부 이바울 목사님은 청년 시절 나를 주님께로 인도하셨고, 내가 목회를 시작한 후에는 수년 동안 설교 원고를 읽고 금싸라기 같은 조언을 들려주셨다. 나와 우리 교회를 위한 사촌 동생 선희, 선영과 재훈, 선정의 성원과 사랑도 잊을 수 없다.

몬트리올 제자교회 교우님들이 아니었다면 이 책은 세상에 나올 수 없었다. 거칠고 메마른 세상에서 예수님의 제자로 살아가고자 이 분들과 함께 고민하며 하루 또 하루 살아가는 중에 그분이 주신 깨달음이 모여 이 책이 되었다.

 소중한 시간을 내어 졸저를 읽고 정성껏 추천의 글을 써주신 폴 민 목사님, 한병희 교수님, 신충현 선교사님, 강호 교수님께 머리 숙여 감사드린다. 또한 쿰란출판사 이형규 사장님과 직원분들께도 감사의 마음을 전한다.

2023년 2월 1일
캐나다 몬트리올에 있는 나의 다락방에서
이지현 목사

주:

1 Tom Yun, "More than two years since the pandemic's start, nearly 1 in 4 Canadians still report high anxiety," CTV News, 2022년 5월 7일.
2 James Langton, "Pandemic's economic victims also face mental health challenges", *Advisor's Edge*, 2021년 3월 18일.
3 Climate Change Knowledge Portal, World Bank Group. https://climateknowledgeportal.worldbank.org
4 Edward J. Woods, *Deuteronomy: An Introduction and Commentary, Tyndale Old Testament Commentaries* [eBook], Chapter B.2.f (London: Inter-Varsity Press, 2011).
5 D. R. W. Wood and I. Howard Marshall, "Nile", *New Bible Dictionary* [eBook] (Leicester: InterVarsity Press, 1996).
6 Thomas V. Brisco, *Holman Bible Atlas* (Nashville: B&H Publishing Group, 1998), p. 8.
7 스티븐 솔로몬, 《물의 세계사》 [eBook], 주경철, 안민석 역(서울: 민음사, 2013).
8 같은 책.
9 존 파이퍼, 《코로나 바이러스와 그리스도》, 조계광 역(서울: 개혁된실천사, 2020), pp. 49-50.

10   The Editors of Encyclopaedia, "plague", *Encyclopedia Britannica*, 2022.

11   Jared Diamond, *Guns, Germs, and Steel: The Fates of Human Societies* (20th Anniversary Edition) [eBook] (New York: W. W. Norton & Company, 2017).

12   Ralph Hammond Innes, "Hernán Cortés", *Encyclopedia Britannica*, 2022.

13   Manuel Ballesteros-Gaibrois, "Francisco Pizarro", *Encyclopedia Britannica*, 2022.

14   "History of Smallpox", Centers for Disease Control and Prevention, https://www.cdc.gov/smallpox/history/history.html

15   The Editors of Encyclopaedia, "SARS", *Encyclopedia Britannica*, 2020.

16   Paul Webster, "Canada and COVID-19: learning from SARS", THE LANCET, 2020년 3월 21일.

17   Tara Carman, "Canada's hardest-hit nursing homes lost 40% of residents in just 3 months of the pandemic", CBC News, 2020년 7월 10일.

18   Melissa Couto, "Should you wear a face mask? Coronavirus prompts debate over effectiveness", Global News, 2020년 3월 31일.

19   Isabel Van Brugen, "Russian State TV Warns of Nuclear War That Only 'Mutants' Will Survive", *Newsweek*, 2022년 6월 7일.

20   Naél Shiab, "Forget the snowy winters of your childhood", CBC News, 2019년 3월 5일.

21   Jeffrey F. Bromaghin et al., "Polar bear population dynamics in the southern Beaufort Sea during a period of sea ice decline", Ecological Applications 25(3), 2015.

22 P. K. Molnár, et al.,"Fasting season length sets temporal limits for global polar bear persistence", Nature Climate Change 10, 2020.

23 Global Climate Change, NASA, climate.nasa.gov/vital-signs/global-temperature

24 Kieran Baxter & Alice Watterson, "Shrinking glaciers: Mont Blanc from the air, 100 years on", *The Guardian*, 2019년 10월 10일.

25 Christian Sommer et al., "Rapid glacier retreat and downwasting throughout the European Alps in the early 21st century", Nature Communications 11(3209), 2020.

26 Romain Hugonnet et al., "Accelerated global glacier mass loss in the early twenty-first century", Nature 592, 2021.

27 "Understanding Sea Level", NASA, https://sealevel.nasa.gov/understanding-sea-level/global-sea-level/ice-melt

28 Jessie Yeung, "Rising sea levels threaten hundreds of millions - and it's much worse than we thought", CNN, 2019년 10월 30일.

29 Hannah Hoag, "Arctic Dogsledding Culture Is Slipping Through the Cracks", *Hakai Magazine*, 2017년 11월 30일.

30 Roberto Molar Candanosa, "NASA Finds 2022 Arctic Winter Sea Ice 10th-Lowest on Record", NASA, 2022년 3월 22일.

31 "Sea Ice - Science", National Snow and Ice Data Center, https://nsidc.org/learn/parts-cryosphere/sea-ice/science-sea-ice

32 Summer K. Praetorius, "North Atlantic circulation slows down", Nature 556, 2018.

33 "European heat wave of 2003", *Encyclopedia Britannica*, 2019년 3월 15일.

34 "European heatwave: France hits record temperature of 45.9C", BBC, 2019년 6월 28일.

35 Christina Maxouris, "Here's how a week of frigid weather and catastrophe unfolded in Texas", CNN, 2021년 2월 21일.
36 신의철, 보이지 않는 침입자들의 세계 [eBook] (서울: 21세기북스, 2021).
37 "Greenhouse Gases", World Meteorological Organization, https://public.wmo.int/en/our-mandate/focus-areas/environment/greenhouse%20gases
38 Theo Stein, "Carbon dioxide now more than 50% higher than pre-industrial levels", National Oceanic and Atmospheric Administration, U.S. Department of Commerce, 2022년 6월 3일.
39 William J Ripple, et al., "World Scientists' Warning of a Climate Emergency", BioScience 70(1), 2019.
40 "Global Energy Review: CO_2 Emissions in 2021", International Energy Agency, 2022.
41 "Greenhouse gases and agriculture", Climate change and air quality, https://agriculture.canada.ca/en/agriculture-and-environment/climate-change-and-air-quality/greenhouse-gases-and-agriculture
42 David L. Lentz et al., "Forests, fields, and the edge of sustainability at the ancient Maya city of Tikal", Proceedings of the National Academy of Sciences 111, 2014.
43 유발 하라리, 《사피엔스》 [eBook], 조현욱 역(서울: 김영사, 2015).
44 William B. Jensen, "Fritz Haber", *Encyclopedia Britannica*, 2022.
45 Chris Bowlby, "Fritz Haber: Jewish chemist whose work led to Zyklon B", BBC, 2011년 4월 11일.
46 Joshua Dupre Tickell, *Kiss the Ground* [eBook] (Atria/Enliven Books, 2017).
47 같은 책.

48 Joshua Tickell & Rebecca Harrell Tickell 감독, "Kiss the Ground" (다큐멘터리 영화), 2020.
49 Elizabeth Svoboda, "World of Hidden Life Teems below Our Feet", Scientific American, 2015년 7월 2일.
50 Pan Ming Huang, et al., *Handbook of Soil Sciences: Properties and Processes*, 2nd Edition (London: Taylor & Francis Group, 2011).
51 Joshua Dupre Tickell, *Kiss the Ground* [eBook].
52 Pan Ming Huang, et al., *Handbook of Soil Sciences*.
53 John P. Rafferty et al., "desertification", *Encyclopedia Britannica*, 2020.
54 Snigdha Das, "How desertification is silently fueling conflicts", Down To Earth, 2019년 8월 30일.
55 스티븐 솔로몬, 《물의 세계사》.
56 S. A. Shahid, et al., Soil Salinity: Historical Perspectives and a World Overview of the Problem. In: Guideline for Salinity Assessment, Mitigation and Adaptation Using Nuclear and Related Techniques, Springer, 2018.
57 Mark Altaweel, *Water Societies and Technologies from the Past and Present*, Chapter 9: Water management across time: Dealing with too much or too little water in ancient Mesopotamia, (London: University College London, 2018).
58 Josh Haner et al., "Living in China's Expanding Deserts", *The New York Times*, 2016년 10월 24일.
59 Hannah Ritchie et al., "Meat and Dairy Production", Our World in Data, 2019년 11월.
60 "Feedgrains Sector at a Glance", U.S. Department of Agriculture, Economic Research Service.

61 Hannah Ritchie, "Half of the world's habitable land is used for agriculture", Our World in Data, 2019년 11월 11일.

62 Terrence McCoy et al., "Devouring the Rainforest", *The Washington Post*, 2022년 4월 29일.

63 "Global Forest Resources Assessment 2020, Key findings", Food and Agriculture Organization of the United Nations.

64 *Global Land Outlook 2*, Second Edition, United Nations Convention to Combat Desertification, 2022.

65 Max Rose, "Future Population Growth", Our World in Data, 2019, https://ourworldindata.org/future-population-growth

66 K. A. Mathews, *Genesis 11:27-50:26, The New American Commentary* [eBook] (Nashville: Broadman & Holman Publishers, 2005).

67 Chad Brand, et al., *Holman Illustrated Bible Dictionary* (Nashville: B&H Publishing Group, 2015), pp. 1622-1623.

68 스티븐 솔로몬, 《물의 세계사》.

69 Joshua J. Mark, "Ur", *World History Encyclopedia*, 2011, https://www.worldhistory.org/ur

70 W. Gesenius, Gesenius' Hebrew and Chaldee Lexicon to the Old Testament Scriptures, Logos Bible Software, 2003.

71 K. A. Mathews, *Genesis 11:27-50:26, The New American Commentary*.

72 팀 켈러, 《내가 만든 신》 [eBook], 윤종석 역(서울: 두란노, 2017), 프롤로그.

73 같은 책, 프롤로그.

74 같은 책, 에필로그.

75 F. 스콧 피츠제럴드, 《위대한 개츠비》, 김욱동 역(서울: 민음사, 2003).

76 Arthur Mizener, "F. Scott Fitzgerald", *Encyclopedia Britannica*, 2021.

77 Allen Ross & John N. Oswalt, *Cornerstone Biblical Commentary:*

Genesis, Exodus [eBook] (Tyndale House Publishers, 2008).

78 John H. Walton, *The NIV Application Commentary: Genesis* (Grand Rapids: Zondervan, 2001), p. 586.

79 Robert Alter, Genesis - *Translation and Commentary* [eBook], Chapter 29, (New York: W. W. Norton & Company, Inc. 1997).

80 같은 책, Chapter 30.

81 Derek Kidner, *Genesis: An Introduction and Commentary, Tyndale Old Testament Commentaries* [eBook] (InterVarsity Press, 1967).

82 이우경, 《아버지의 딸》 [eBook] (서울: 한겨레출판, 2015).

83 팀 켈러, 《내가 만든 신》, 2장.

84 서곡숙, "기생충, 경계적 인간의 외줄타기", 서곡숙의 시네마 크리티크, 르몽드디플로마티크 한국어판, 2019년 9월 2일.

85 Allen Ross & John N. Oswalt, *Cornerstone Biblical Commentary*.

86 Henry S. Lucas, "The Great European Famine of 1315, 1316, and 1317", Speculum 5(4). The University of Chicago Press on behalf of the Medieval Academy of America, 1930.

87 K. A. Mathews, Genesis 11:27-50:26, *The New American Commentary*.

88 C. S. 루이스, 《순전한 기독교》, 장경철, 이종태 역(서울: 홍성사, 2001), p. 338.

다시 읽는 요셉 이야기
사막이 되어 가는 세상에서

1판 1쇄 인쇄 _ 2023년 2월 3일
1판 1쇄 발행 _ 2023년 2월 10일

지은이 _ 이지현
펴낸이 _ 이형규
펴낸곳 _ 쿰란출판사

주소 _ 서울특별시 종로구 이화장길 6
편집부 _ 745-1007, 745-1301~2, 743-1300
영업부 _ 747-1004, FAX 745-8490
본사평생전화번호 _ 0502-756-1004
홈페이지 _ http://www.qumran.co.kr
E-mail _ qrbooks@daum.net / qrbooks@gmail.com
한글인터넷주소 _ 쿰란, 쿰란출판사
페이스북 _ www.facebook.com/qumranpeople
인스타그램 _ www.instagram.com/qrbooks
등록 _ 제1-670호(1988.2.27)

책임교열 _ 이주련·송지은

© 이지현 2023 ISBN 979-11-6143-789-9 93230

책값은 뒤표지에 있습니다.
이 출판물은 저작권법에 의해 보호를 받는 저작물이므로 무단 복제할 수 없습니다.
파본(破本)은 구입처에서 교환해 드립니다.